20 ANNIVERSARY

无公益，不长江

商学院的社会价值2022

CKGSB

顾　问　项　兵教授　阎爱民教授　李海涛教授

主　编　杨晓燕　王　哲　闫　雯

中国财富出版社有限公司

图书在版编目（CIP）数据

无公益，不长江：商学院的社会价值. 2022 / 杨晓燕，王哲，闫雯主编. —北京：中国财富出版社有限公司，2022. 9

ISBN 978-7-5047-7780-5

Ⅰ. ①无…　Ⅱ. ①杨…②王…③闫…　Ⅲ. ①慈善事业—研究—中国
Ⅳ. ①D632.1

中国版本图书馆 CIP 数据核字（2022）第 185336号

策划编辑 李彩琴　**责任编辑** 张红燕　杨白雪　张　婷　**版权编辑** 李　洋
责任印制 梁　凡　**责任校对** 孙丽丽　**责任发行** 董　倩

出版发行	中国财富出版社有限公司		
社　址	北京市丰台区南四环西路188号5区20楼	**邮政编码**	100070
电　话	010-52227588 转 2098（发行部）		010-52227588 转 321（总编室）
	010-52227566（24小时读者服务）		010-52227588 转 305（质检部）
网　址	http: //www. cfpress. com. cn	**排　版**	宝蕾元
经　销	新华书店	**印　刷**	宝蕾元仁浩（天津）印刷有限公司
书　号	ISBN 978-7-5047-7780-5 / D・0197		
开　本	880mm × 1230mm　1 / 32	**版　次**	2022 年 11 月第 1 版
印　张	9.5	**印　次**	2022 年 11 月第 1 次印刷
字　数	254 千字	**定　价**	68.00 元

▲
2008 年汶川地震，长江商学院校友和员工通过各种渠道和各种形式捐款 4.3 亿元，占中国企业捐款总额的 7%；2013 年雅安地震，长江商学院校友和员工捐赠逾 2 亿元。

2009年，中国红基会长江公益基金成立，迄今为止募款超过6000万元，执行了扶贫、教育、环保等一系列公益项目。

手拉手点燃希望，红领巾伴我成长。

2010年，长江商学院联合共青团中央启动“长江红领巾书屋公益计划”，在全国欠发达地区捐建书屋745个，受益儿童26万余人。

长江公益委员会于 2013 年 4 月成立，是长江公益的决策组织，致力于帮助长江商学院校友提升公益能力，推动社会创新与发展。

自 2014 年起，长江商学院首创校友公益课程。图为校友冯仑和长江商学院同学分享公益机构如何提升效率。

长江 EMBA 学员入学公益第一课，通过私董会的模式为公益组织能力建设和项目发展提供解决方案。

为了更好地激励长江商学院校友参与公益，首届长江公益奖于 2014 年启动，共创长江商学院校友公益文化。

第二届长江公益奖颁奖典礼暨 TED X Beijing 公益创新沙龙在北京举行。

第三届长江公益奖颁奖典礼暨公益论坛在北京举行。

第四届长江公益奖颁奖典礼在深圳举行。

第五届长江公益奖颁奖典礼在北京举行。

第六届长江公益奖颁奖典礼在北京举行。

第七届长江公益奖公益论坛颁奖典礼在线举行。

长江商学院EMBA、金融MBA、MBA、企业家学者项目等课程项目全面推出公益奖学金，至今，长江商学院已为数十位公益界领袖发放公益奖学金。

▲
长江商学院自 2013 年起发布长江公益年度报告，分享学院和校友的公益理念及实践经验。

2017 年 11 月，长江（商学院）教育发展基金会正式启动。

长江商学院荣获中国 2017 年企业社会责任奖“思想领袖”荣誉称号。

在国家民政部直属《公益时报》主办的“2019 中国公益年会”上，长江商学院荣获 2019 年度“中国公益企业”，阎爱民教授荣获 2019 年度“中国公益人物”，李伟教授荣获 2019 年度“中国公益人物”。这是“年度公益企业”和“年度公益人物”两项年度公益大奖第三年花落长江商学院。

在 2019 年中国企业社会责任奖的评选中，长江商学院获得员工敬业奖、女性影响力奖和脱贫致富奖三个奖项提名，并以井冈山扶贫项目赢得了脱贫致富奖。

2019 年 10 月，长江商学院推出首个“社会创新与商业向善”海外主题课程，近 40 位同学共同问道伦敦，理解“商业向善”，通过企业的力量推动全球社会创新。

▲
2019 年，长江商学院成立长江公益 101 咨询社。30 余位公益界校友担任咨询顾问，定制 6 大公益主题，为长江商学院校友提供公益志愿咨询服务。

▲
长江商学院推出公益平台项目，实现优质公益资源与社会需求的有效对接，推进社会问题的解决。

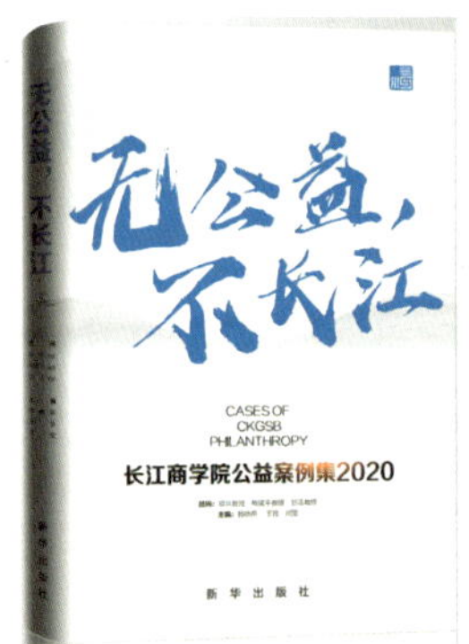

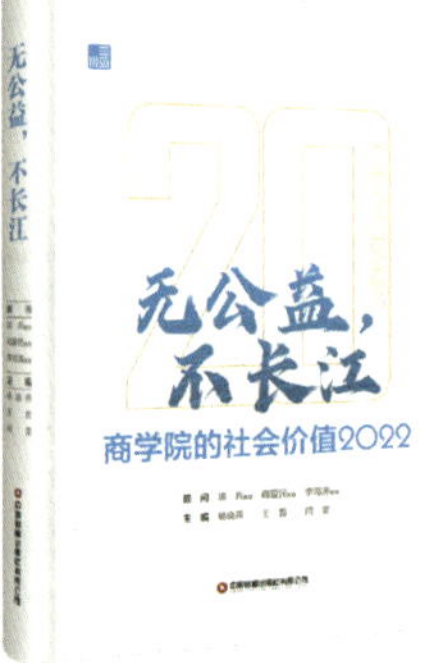

▲

自 2018 年开始，长江商学院每年策划出版一部《无公益，不长江》，系统介绍长江人的公益创新行动与企业家精神，探讨社会问题的解决方案。

▲在由国家民政部直属《公益时报》主办的"2020 中国公益年会"上，长江商学院荣获 2020 年度"中国公益企业"。

▲在由国家民政部直属的《公益时报》主办的"2020 中国公益年会"上，项兵院长荣获 2020 年度"中国公益人物"。

▲长江商学院获评凤凰网行动者联盟 2020 公益盛典"年度十大公益企业"。

▲在由《南方周末》主办的"2020 中国企业社会责任年会"上，项兵院长荣获 2020 年度"责任先锋"。

▲在中国社会企业与影响力投资论坛年会上，长江商学院荣获"2020 向光奖组委会奖"。

▲长江商学院市场营销学教授、社会创新与品牌研究中心主任朱睿和研究团队撰写的《未来好企业》一书获颁"2020 向光奖年度研究奖 Top3"。

凤凰网行动者联盟2021公益盛典中，长江商学院获评行动者联盟2021公益盛典“抗洪行动奖”。

MBA中国网与《经理人》杂志联合主办的2021中国商学院发展论坛暨教育盛典中，长江商学院荣获“2021年度中国公益之星商学院”荣誉称号。

由民政部主管《公益时报》主办的“2021中国公益年会”中，长江商学院荣获中国公益年会“2021年度公益学术机构”。

由民政部主管《公益时报》主办的“2021中国公益年会”中，长江商学院社会创新与商业向善实践课程项目荣获“2021年度公益项目”。

由民政部主管《公益时报》主办的“2021中国公益年会”中，阎爱民教授荣获“2021年度公益人物”。

2020 年，长江商学院发布《长江商学院扶贫公益案例集》。

2022 年 6 月，由凤凰网主办、凤凰网公益承办、长江商学院提供学术支持的 2022 年行动者联盟 · 企业社会责任与创新论坛中，长江商学院吉安乡村振兴与可持续发展项目获评“2022 年企业社会责任与创新案例之年度 CSR 担当者”。

长江商学院获颁由国务院扶贫办、人民日报社指导，人民网和《中国扶贫》杂志社颁发的“消费扶贫优秀案例”奖。

▲

2017—2021 年，长江商学院和吉安市政府合作，实施了结合教育、民生、产业扶贫模式的精准扶贫和乡村振兴项目。开设“领航井冈”企业家研修课程，已培养当地企业家 150 名；捐建关爱老人儿童活动中心，帮助当地销售狗牯脑茶，助力吉安可持续发展。

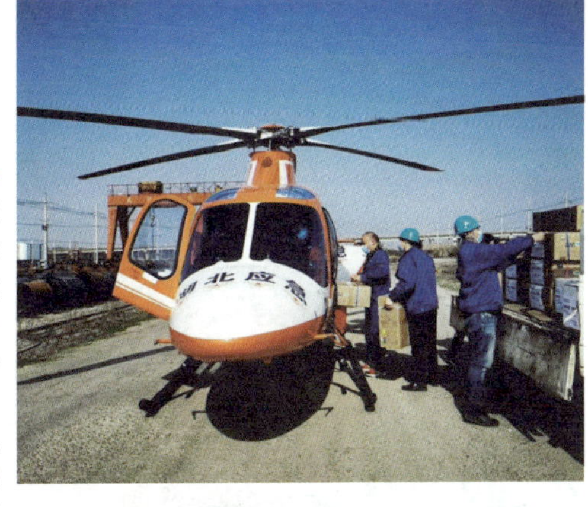

2020 年 1 月 25 日，长江校友官微发出倡议，呼吁长江商学院各校友组织、各班级、各位校友和校友企业尽己所能，助力武汉共渡难关。截至 2020 年 3 月 10 日，据不完全统计，长江商学院各校友组织和班级向疫区累计捐赠资金和物资超过 1900 万元，长江商学院校友企业捐赠资金和物资逾 40 亿元。

武汉市江岸区新冠肺炎疫情防控指挥部

感　谢　信

长江商学院湖北校友会：

大疫之中有大义，大难之时见大爱。在我区抗击新冠肺炎疫情最艰难、最吃紧、最关键的时候，长江商学院湖北校友会率先垂范、鼎力相助，与卓尔公益基金会一道，大义援助从全国各地、从世界各地源源不断向湖北省武汉市江岸区而来，汇聚成为一条大爱奔涌激越的河流。在此，谨向长江商学院湖北校友会阎志会长、苏毅秘书长和贵院校友表示衷心的感谢，并致以崇高的敬意！

“人文关怀和社会担当”，是长江商学院的“开学第一课”。新冠疫情发生以来，长江商学院校友用冲锋在前的行动，完美地诠释了贵院“开学第一课”的精神与理念。

为挽救更多新冠肺炎患者的生命，卓尔公益基金会与武汉市第八医院于 1 月 30 日联合设立“卓尔长江应急医院”，长江商学院校友会作为卓尔长江应急医院的重要参与者，在全球范围调动一切可调动的资源，全情支持卓尔长江应急医院和江岸区的抗疫行动。一批批物资辗转从全国、全世界抵达武汉江岸。湖北校友会阎志会长和秘书长苏毅更是全程参与，对接协调各地校友的捐赠。

新冠无情，校友有爱！药品告急，就捐送药品；缺医疗器械，就送高品质设备；生活要保障，校友就捐美味食品——北京校友、山东校友、湖北校友、[illegible]突击队、湖南校友、长江校友、长江高新校友、长江加拿大校友用勇敢坚毅的援助行动和无私奉献践行长江人文精神，为我区新冠肺炎定点医院的物资保障和平稳运行提供了坚实的支撑，守护了湖北武汉人民的健康平安，为荆楚大地注入了温暖而强大的长江力量。

情深意重，山高水长。你们情系武汉江岸，留下了金子般的情谊，你们是武汉市江岸区人民永远的朋友。

冬已尽，春已至！疫销防护，春暖花开。我们坚信，在以习近平同志为核心的党中央的坚强领导下，有全国和长江商学院全体校友的鼎力相助，武汉市江岸人民一定能夺取疫情保卫战的最后胜利，并能顺利走上复工复产的康庄大道，为建设美丽家园再谱新篇、再立新功。

武汉市江岸区新冠肺炎疫情防控指挥部

2020 年 4 月 [illegible] 日

郑州市郑东新区管理委员会

感谢信

长江商学院河南校友会：

2021 年 7 月 21 日，受极端天气影响，郑州市遭遇历史罕见特大暴雨，两天一夜降雨量远超历史记录，降雨时间之长，雨量之大，为历史罕见，郭家咀水库、贾鲁河等全线超警戒水位。暴雨肆虐、道路被阻断、庄稼被淹没、房屋被侵蚀，群众生产生活受到极大影响，人民财产造成巨大损失。

家园有殇爱无疆，洪水无情人有情！在抗洪救灾的关键时刻，广大救援队伍火速驰援各个受灾点，在极其艰苦的条件下，以踏石留印的作风，以事不过夜的效率，不顾个人安危，不计个人得失，全力投入救灾工作，让大爱光芒在洪峰浪尖熠熠生辉，为受灾群众早日恢复生产生活作出了巨大贡献。这种不怕吃苦、甘于奉献的精神生动阐释了一方有难、八方支援的大爱精神，彰显了中国特色社会主义制度显著优势，体现了中华民族大家庭的相互关怀，也必将进一步激发郑州人民齐心协力、共克时艰，打赢防汛救灾硬仗的信心和斗志！在此，谨代表郑东新区管委会，向前来救援的队伍和爱心人士表示诚挚谢意，并致以崇高的敬意！

艰难方显勇毅，磨砺始得玉成。当前所要面临的各项防灾救灾任务还十分严重，恢复生产刻不容缓，重建家园任重道远。但我们坚信，在党工委的坚强领导下，在各级各部门的竭诚关心下，在社会各界的帮助下，我们一定能够取得抗洪救灾和经济社会发展双胜利，郑东新区的明天一定更加美好！郑州的发展一定更加繁荣！

郑州市郑东新区管理委员会

2021 年 7 月 27 日

2021 年 7 月，河南洪灾，长江商学院第一时间发出倡议并成立洪灾工作组，号召各校友组织、班级和校友企业调动资源抗洪救灾。截至 2021 年 8 月 2 日，据不完全统计，长江商学院校友企业通过各种渠道向灾区捐赠资金和物资近 13 亿元，其中长江商学院河南校友会接收来自全球长江商学院校友组织和校友的捐款 4828166.66 元。截至 2021 年 9 月 10 日，长江商学院河南校友会已支出救援设备、物资和发放灾后救助金共 4821301.09 元。

▶守望相助，同心抗疫 | 长江 2022 抗疫记录

责任在肩
抗疫有我　西安加油
长江商学院陕西校友会

携手同行　西安加油
长江商学院山西校友会

齐心协力　助力陕西疫情防控
长江商学院山东校友会

凝心聚力　助力西安疫情防控

长江商学院日本校友会

同心协力　共渡难关

长江商学院天津校友会

疫情无情　长江有情

长江商学院安徽校友会

▲
关怀抗疫医护工作者
长江商学院深圳校友会

◀
江海相连　抗疫同坚
西安加油
长江商学院青岛校友会和长江商学院 EMBA 35 期 2 班

▲
支援西安　抗击疫情爱心捐赠
长江商学院 MBA 20 级北京班校友

▲

西安、吉林驰援抗疫活动

长江商学院 EMBA 37 期 5 班校友

▲

40 小时紧急驰援，助力防疫

长江商学院上海校友会

▲

众志成城　同心抗疫

长江商学院香港校友会

▲

共同抗疫，关怀独居老人

上海市长益公益基金会

▲

沪港连心，携手共克时艰

长江商学院香港校友会

▲

2021 年，长江商学院在 EMBA 项目推出社会创新与商业向善实践课程。课程实施一年来，已惠及 EMBA 36、37、38 期的 3 期学员（包括 18 个班级的 1000 余名企业家），他们都在各自的企业中开展了社会创新与商业向善实践项目。

2021 年 12 月，长江商学院与联合国教科文组织（UNESCO）合作备忘录签署仪式在 UNESCO 巴黎总部举行。双方将联手推出非洲“经济上新生代迭代的力量”培养项目和非洲女性领导力论坛，推动非洲包容性增长与可持续发展。

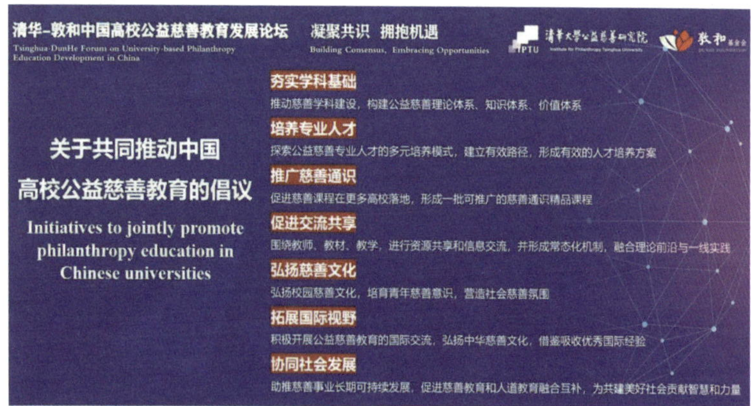

2021 年 11 月，长江商学院在内的首批 40 家高校联合发起了《关于共同推动中国高校公益慈善教育的倡议》，围绕“夯实学科基础、培养专业人才、推广慈善通识、促进交流共享、弘扬慈善文化、拓展国际视野、协同社会发展”七个方面，期待共同谱写中国高校公益慈善教育新篇章。

▲
2022 年 5 月，公益星火六期 · 深圳社会组织高质量发展“长江之源”培养计划开学典礼在深圳前海召开。该计划在深圳市社会组织管理局指导下，由长江商学院、深圳市长江商学院教育发展基金会、深圳市江之源企业家联谊会（长江商学院深圳校友会）、深圳市社会组织总会、深圳市慈善会、深圳壹基金公益基金会、深圳市创新企业社会责任促进中心、中国农业银行深圳市分行共同资助和举办。

▲
2022 年，长江商学院创创社区与头条学堂联合推出“乡村商学堂”，助力“三农”企业新生代创业者培养。

▲

草方格公益项目：以一见方的种植，守护莫高窟

▲

“苔花开”乡村美育教师成长计划：一个灵魂唤醒另一个灵魂

四川女子"木兰班"：
保障女孩教育，改变贫困传递

关怀乡村留守老人：
五社联动，深耕执行体系

梦想跑鞋：
运动 + 公益 + 互联网

筑爱助残 圆就业梦：体育运动＋公益＋残障赋能

小海豚听障儿童合唱团：用歌声治愈心灵，滋养力量

谨以此书献给长江商学院创办 20 周年

序　言

项　兵：

商学教育的社会责任

2022年11月21日适逢长江商学院创办20周年。回望20年前，中国刚刚加入WTO（世界贸易组织），中国经济即将全面融入全球化之际，长江商学院应运而生。

长江商学院创办的初心是，通过比较好的机制与体制将一批全球顶尖的管理学和经济学教授、学者全职聘请回国，其一，让他们把全球先进的管理学和经济学理论、理念及实践经验带回国，服务国内企业；其二，让他们扎根祖国，更好地研究中国企业管理以及中国经济发展的问题和应对之策，为国家经济发展建言献策；其三，希望能一步步地形成一系列源自本土，对中国乃至全球管理实践具有深刻影响的原创思想，开启管理思想及理念的东西方双向交流；其四，为国家培育一批具有全球责任和社会担当，并拥抱及驱动创新的新一代商业领袖，由此将长江商学院打造成为一所根植于中国的世界级商学院。

在这样的初心指引下，20年来，长江商学院在商学管理教育领域进行了一系列引领式创新。其中，社会责任领域的探索是长江商学院创新的一个核心部分。本文将聚焦回顾长江（商学院）在商学院与企业社会责任方面，从1.0到4.0的创新与实践，回顾每一阶段触动笔者思考并将社会责任融入长江商学院课程体系的初心与考量，与诸君分享，以期更好地面向未来，为国家的经济发展和社会进步持续献出绵力。

1.0 | 人文底蕴是全球思维与价值对接以及全球资源整合的一个前提

长江商学院是全球第一家启动系统人文教育的商学院。早在2005年，学院便把历史、宗教和哲学等人文课程系统地引入商学教育中，奠定了企业家公益与慈善、企业社会责任以及社会创新的基石，开启了学院在社会责任领域1.0阶段的探索。为什么那么早便开始重视企业家人文底蕴的培养？主要源于以下几点考量。

1. 善由心生，人文精神是责任担当的基石

诚如笔者在长江商学院2005年毕业典礼上所讲，“人文精神是人心灵中的一个天平，是一种积淀。中国加入WTO真正的钥匙，是我们对人文精神的深刻理解，这样才能赢得世界发自内心的接受、信任与尊重”。

企业家不应是只为股东创造价值的工具，也不应是单纯追求物质财富的“经济动物”，而应是各美其美、美美与共的“精神富翁”。人文精神可以帮助企业家超越富足的生活（Rich life），迈向丰盈的人生（Enriched life）。人文精神也有助于培育企业家的同理心、恻隐之心与感恩之心。善由心生，唯有内生的向善与自觉的担当，才能铸就真正具有人文关怀和社会责任感的商业领袖。同时，企业高层具备良好的人文修

养，也可以助力企业向善以及弘扬企业社会责任担当。

2. 修炼全球思维及价值对接能力，可以帮助中国企业以全球应对全球，有效地进行全球资源整合

中国企业的短板之一是全球思维及价值对接能力不足。过去 40 多年，随着全球化的深化及发展，越来越多的世界顶级企业在全球资源整合上有了较大的进步，这种“以全球应对全球”能力的修炼已经成为制胜未来的一个关键因素。

笔者所谓的“以全球应对全球”，是整合全球资源为我所用。其必备条件之一是具有全球对接的能力。在这个过程中，技术对接、管理对接非常重要，但思维及价值对接可能才是关键。而实现思维及价值对接的基础是具有人文底蕴。

人文底蕴、全球思维及价值对接能力是为中国打造更多具有全球担当的世界级企业家，培育一批可以执掌世界 500 强等世界一流企业的商界领袖的一个必要条件。要领导好一个全球多元化团队，企业领导人的人文底蕴是一种“内功”，缺乏这种“内功”的领导人的招式很可能只是“花拳绣腿”。

3. 历史观及长线观可以助力应对“人类集体短视”

环境恶化与气候变暖等攸关人类长远发展的问题长期得不到解决，折射出一个更为深刻的原因，笔者将之命名为“人类集体短视”。

“人类集体短视”首先表现在国家治理方面。以西方民主政治为例，民选领导人的每届任期大多是四到五年，多数国家规定连续任期不超过两届；在企业治理与管理体系方面，关注年度甚至季度财务回报是现代商业组织的一大特征，五年或十年规划或已属企业的“长线”考量。可见，从政治到经济，从西方到东方，现有激励体系中，相对聚焦当下及短期成效或短期利益，对于人类生存环境保护以及社会进步等重大问题缺乏长期激励。这可能是造成我们在商业决策和政治决策方面相对短视的一个重要原因，也可能是导致可持续发展面临的挑战越来越大的原因之一。

人类集体短视须系统性应对，挑战巨大。笔者考虑将历史等人文课程引入长江商学院管理课程之中，是认为这至少有助于弘扬商业决策的历史观，这种远超十年乃至跨度更久的长线观，有助于企业决策者为企业的利益相关体、环境、社会进行更长远的考量。

4. 西方主导的“赢者通吃”思维不具备可持续性

近几十年来，全球经济、教育、社会等领域普遍呈现强者恒强、弱者愈弱的“马太效应”，通俗地讲，即“赢者通吃”（Winner take all）。这种“赢者通吃”的思维，源起于自然界弱肉强食的丛林法则，易催生恶性竞争，不是富有包容性的增长之道，“是一条越走越窄的路”。“赢者经济”和“赢者政治”让社会公平受到挑战。伴随财富越来越集中，收入与财富不均和阶层固化日益加剧，已成为不争的事实。

2.0 | 弘扬公益慈善，推动第三次分配

2010 年，长江商学院成为全球第一家将公益与慈善课程系统引入商学教育的商学院。我们期望通过培育企业领军人物以及职业经理人的自觉公益捐赠意识，倡导“无公益，不长江”，不断拓展传统商学管理教育的边界，由此开启了学院社会责任领域 2.0 阶段的探索。回顾当时的心路历程，源于以下几点观察与思考。

1. 21 世纪的第一个十年，全球基尼系数之高，对笔者触动非常之大

毋庸置疑，自 1979 年以来，市场经济和自由竞争在全世界创造了史无前例的经济和财富增长，但成也萧何，败也萧何，这也可能是当今世界收入与财富分配不均及社会流动性下降的主要推手。根据笔者当时的观察，各国基尼系数表明，收入与财富分配不均问题在发达国家与新兴市场国家均普遍存在，且日趋加剧。

从全球看中国，改革开放以来，我国发展成就举世瞩目。国家统计局的数据显示，2008 年我国基尼系数升至 0.491，达到我国自 2003 年官方公布基尼系数以来的最高值，在当时全球主要经济体中排名第二，仅次于巴西。从这个角度而言，我国已成为全球收入不均问题较为严重的国家之一。国际上通常把 0.400 作为贫富差距的警戒线，认为超过 0.400 的经济体会面临收入差距引发社会动荡的风险。

收入与财富分配不均的问题在当时并非是中国等新兴市场国家的特

性，在发达国家也普遍存在。以全球最大的经济体美国为例，2006 年美国基尼系数为 0.464，创下其人口普查局 1967 年开始统计家庭收入以来最高。2010 年，美联社援引美国人口普查局统计结果报道称，当时美国总收入中，49.4%流入 20%的最富裕阶层，14.5%的贫困人口只得到总收入的 3.4%，贫富收入差距之大，创下美国历史纪录。

2. 解决收入与财富分配不均问题，商学院能贡献什么解决方案

分析中美两国财富不均问题的成因，可能源于对再次分配的投入不足。过去 30 年是市场经济的天下，未来 30 年或将是再次分配扮演更积极、重要角色的福利社会的天下。但是，我国是发展中国家，福利社会的发展和出现都需要时间，不可能一蹴而就、一步到位。考虑到企业本来就须承担更多的责任，如果政府主导的调整需要更多时间的话，企业和商学院的调整步伐可能需要相对快一点，或可为解决收入及财富不均问题作出商学教育应有的贡献。

自 2010 年开始，长江商学院引入了一系列公益与慈善课程：2010 年，首创 48 小时公益学时制度，要求所有 EMBA（Executive Master of Business Administration，高级管理人员工商管理硕士）学员在修满必要学时外，还必须修满 48 小时公益学时方可准予毕业；2014 年，再度首创性地将公益慈善课列为 EMBA 的开学第一课；2017 年，将公益学时制度和公益第一课引入 MBA（Master of Business Administration，工商管理硕士）项目。至此，公益学时制度基本推广到学院所有学位项目，所有 EMBA、MBA 新生入学的第一堂课便是“公益与慈善课程”。同时，学院首创公益奖学金（2002 年）、长江公益基金（2009 年）、长江公益

奖（2014 年）等。学院希望借此引导企业家以更为宽广的视野重视财富的循环：从为何经商、如何经商，到如何使用财富，提倡企业家创造财富要取之有道，在财富使用与处置上更要富有社会责任感和人文关怀。

这一系列创新之举在当时可谓开历史之先河。当时全球传统管理教育的教育理念、方法和课程设计过于关注如何挣钱的“优术”，对于为什么挣钱、企业的价值取向及社会功能、财富如何使用等相关“明道”问题重视不足，长江商学院率先将人文、公益慈善等课程系统地引入管理教育，也是希望借此推动世界管理教育由“术”而“道”的变革。这对于提升现有一代及未来新生代企业家们的社会责任意识，促进自觉慈善捐赠，起到积极的作用。至今，“无公益，不长江”已成为长江商学院文化的“DNA”，成为“长江人”学习和生活不可缺少的一部分。这一系列探索也拓宽了全球商学管理教育的边界，在引领全球企业和财富社会功能的变革方面起到了一定的推动作用。

3.0 社会创新：全球三大难题愈演愈烈 我们或需新思路、新探索

2016 年，长江商学院开始将“社会创新课程”系统地引入管理教育，成为全球第一家将“社会创新课程”列为 EMBA 学位项目选修课的商学院；2018 年起，将“社会创新课程”列为 EMBA 学位项目必修课；自 2022 年起，“社会创新课程”成为长江商学院所有学位项目的必修课和第一课。这是长江商学院除重视商学教育的社会功能、引领世界管理教育创新外的又一项引领式创新，也由此开启了学院社会责任领域 3.0 的探索与实践。做出这一举措主要是基于以下考量。

1. 过去近 70 年的全球经验表明，单一力量和单打独斗不能有效地解决全球普遍面临的重大社会问题。我们聚焦解决的问题在过去 40 年反而进一步恶化

回顾近 70 年的发展历程，为解决全球收入与财富分配不均、社会流动性下降及可持续发展等问题，各国政府、企业、社团组织及国际组织确实作出了不懈努力与探索，也衍生了诸多理论和实践经验。

例如，20 世纪 50 年代，美国经济学家霍华德·R·博文（H.R.Bowen）首先提出企业社会责任（Corporate Social Responsibility，简称 CSR）概念。其后，随着大型跨国公司对社会产生越来越大的影响，以及全球频发的环境保护、劳工权益保护等运动，CSR 逐渐成为国际组织、公共舆论和大型跨国集团在实践中的共识。

2004 年，联合国环境规划署金融行动机构（UNEP FI）首次明确提出环境（Environmental）、社会（Social）和治理（Governance）三大要素（即 ESG），并认为其是影响股东长期利益的重要因素，ESG 成为系统化考察投资标的非财务因素的标志。联合国前秘书长科菲·安南在写给 50 余家头部金融机构 CEO 的邀请信中，明确提出了开展 ESG 投资的建议。

2015 年，联合国全体成员国通过了 17 个联合国可持续发展目标（Sustainable Development Goals，简称 SDGs），旨在全球范围内解决社会、经济和环境三个维度的发展问题，转向可持续发展道路。

综上，在过去近 70 年中，为了解决全球可持续发展等问题，无论是企业还是国际组织，都进行了持续不断的探索和努力。尽管如此，大量的相关数据和研究仍显示，全球收入与财富分配不均、社会阶层固化及可持续发展问题不仅仍未得到有效解决，反而有进一步恶化的趋势。

例如，在收入不均方面，2020 年联合国开发计划署发布的 2019 年《人类发展报告》显示，1980 年，美国顶部 10%的人群的平均税前收入是底部 40%的人群的 11 倍，2017 年更是达到 27 倍；而在欧洲，这一比例数字从 10 上升到了 12。

财富集中现象也在全球范围内变得更为显著。2020 年 7 月，联合国秘书长安东尼奥·古特雷斯在演讲中表示，世界上最富有的 26 个人拥有全球人口的一半财富，1980—2016 年，世界上最富有的 1%的人口占据了全球累计增长总收入的 27%。

根据笔者的观察总结，过往解决全球三大难题的实践往往以政府、企业或国际组织中的某一方为主体，各方单打独斗，彼此之间可能缺少有效的合作与协同，难以形成“组合拳”，也很难彻底解决三大难题。因此，我们或许需要新的思维、新的方法和新的探讨。

2. 社会创新的新思路：通过跨界协作整合社会资源，可能是重大社会问题的一个解决之道

本着这样的初心，笔者提出了社会创新的概念，即通过加强政府、企业、社团组织、社会以及国际组织之间的协同合作，系统地应对经济发展及社会和谐的问题与挑战。社会创新的核心是通过跨界协作来整合社会资源，以寻求重大社会问题的解决之道。同时，也开启了一系列关于社会创新的理论研究、课程创新与实践探索。

其中一个代表案例是“吉安”项目。2017 年，长江商学院配合江西省吉安市人民政府，启动“领航井冈”企业家高级研修班项目。学院对当地企业领军人物进行系统培训，长江校友也为他们提供辅导支持并配置了多项优质资源，通过帮扶老区企业成长助力当地经济振兴。“领航井冈”项目迄今已连续开展 5 年，累计有 150 余位吉安本土企业家受益。截至 2021 年，已有 2 家“领航井冈”的学员企业发展成为上市公司，并反哺革命老区，为带动老区经济和社会发展贡献了力量。

“吉安”项目摸索出一条“中央政策 + 地方政府 + 当地企业 + 长江商学院 + 长江商学院校友生态体系”多方协作、联手助力老区发展的新路径，较好地诠释了学院所倡导的跨界整合资源、寻求重大社会问题解决之道的“社会创新”新思路。2020 年是国家脱贫攻坚战的决胜收官之年，长江商学院因此荣获由国务院扶贫办、人民日报社指导，人民网和《中国扶贫》杂志社颁发的“中国优秀扶贫案例奖”。

面向未来，我们希望将社会创新的“吉安模式”复制到我国其他革命老区和少数民族聚居区，为中国的新农村建设和共同富裕作出贡献；同时，我们希望能将这一模式逐步复制到非洲、东盟、中亚、海湾及拉美等国家和地区，在全球范围内为解决社会问题与促进经济发展贡献中国解决方案和中国智慧。

4.0 “经济上新生代迭代的力量”为解决全球重大问题贡献中国智慧

近几年全球大变局引发了一系列变革与挑战。党的十八大以来，习近平总书记在多个场合阐述了人类命运共同体的思想，多年来中国也一直在全球多个重要领域如国际外交、环境保护、抗击新型冠状病毒肺炎等提供中国智慧和中国方案。中国的发展方式中有哪些元素可以被全球借鉴乃至复制，也一直是笔者思考与研究的重点之一。为全球重大问题挖掘和贡献来自中国的解决方案、为东西方管理理念交流作出应有贡献，是笔者眼中长江商学院在新形势下发挥社会责任的使命之一，也是学院社会责任迈入社会责任领域 4.0 探索的初心与愿景。

1. “经济上新生代迭代的力量”作为中国发展方式中的特色元素之一，具有一定的全球可复制性和可借鉴性，可以为全球发展的重大问题的解决贡献中国方案

经过多年观察，笔者总结发现，在中国的发展方式中，“经济上新生代迭代的力量”是一个值得深度挖掘与传播的中国元素。“经济上新生代迭代的力量”指在经济发展过程中，新的大型企业和新富豪不断出现及不断迭代的现象。

过去 20 多年，中国和美国在培育“经济上新生代迭代的力量”方面遥遥领先于世界其他国家，中国的表现更是独领风骚，具体体现在以下三个方面。

首先，在新增大型企业与迭代速度方面，中国独冠全球。在 1995 年《财富》杂志发布的世界 500 强排行榜中，只有中国银行、中国中化和中粮集团 3 家中国内地公司上榜。2001 年中国加入 WTO 时，世界 500 强排行榜中有 11 家中国内地公司上榜。2008 年以来，入围世界 500 强的中国内地及中国香港企业数量先后超过了德国、法国、英国和日本。2020 年，中国内地及中国香港企业实现历史性跨越，世界 500 强排行榜中上榜数量达到 124 家，第一次超过美国（121 家）。2021 年，世界 500 强排行榜中，中国内地及中国香港企业上榜数（135 家）继续领先于美国（122 家）。

其次，在新富豪的产生及迭代方面，中国也位居榜首。2001 年《福布斯》杂志在全球范围内追踪十亿美元富豪，荣毅仁家族以 13 亿美元成为中国大陆唯一入榜者，美国则有 269 位富豪上榜。截至 2021 年，中国（包括港、澳、台地区）和美国分别有 745 位和 724 位富豪登上福布斯全球亿万富豪榜。20 多年间，中国和美国新增富豪数量分别占全球新增富豪数量的 28% 和 21%。

最后，在独角兽企业数量上，中国仅次于美国，位居全球第二。独角兽企业的数量可以作为观察未来“经济上新生代迭代的力量”的一个指标。根据 CB Insights 发布的《全球最有价值独角兽》榜单，2015—2020 年，美国和中国分别诞生了约 230 家和 130 家独角兽企业，加起来约占全球总数的 70%。

相比之下，日本和欧盟等国家和地区虽然在创新方面属于世界一流，但是过去 20 年间，“经济上新生代迭代的力量”的产生与中国无法相提并论。近年来法国等的社会动乱表明，即使在发达国家也面临阶层固化的巨大挑战。

由此可见，未来无论是发达国家，还是发展中国家，培育“经济上新生代迭代的力量”，为年轻人提供更好的上升通道，是解决阶层固化、实现社会和谐的一个必要条件。

培育“经济上新生代迭代的力量”作为中国发展方式的特色元素之一，具有一定的全球可复制性和可借鉴性。探寻中国发展方式中的全球性元素，让中国的成功之道惠及世界，不仅有助于讲好“中国故事”，同时对提升中国的软实力、推动人类命运共同体理念的建设也有一定的积极意义。

2. 更重视社会创新，更具长线思维，更具全球视野，打造一个培育“经济上新生代迭代的力量”的全球生态体系

在培育“经济上新生代迭代的力量”方面，长江商学院的聚焦点之一是培养一批又一批独角兽以及即将成为独角兽的企业，学院已累积一定的经验。自 2015 年起，启动长江商学院创创社区，通过与腾讯、百度、京东、字节跳动、阿里巴巴等进行战略合作，打造了一个在国内具有较大影响力的、培育独角兽企业的生态体系。

CB Insights 2017 年至 2021 年年末发布的过去 5 年全球独角兽榜单中，中国累计产生独角兽企业 217 家，其中长江校友担任创始人、联合创始人或一把手的独角兽企业有 39 家（占中国上榜独角兽企业的 18%）。相比于全球顶尖院校产生的独角兽企业数量（斯坦福 30 家，麻省理工 15 家，哈佛 12 家），长江商学院培育出的独角兽企业数量在全球院校中处于领先地位。

除了在国内探索，长江商学院也一直致力于在全球范围内搭建培育“经济上新生代迭代的力量”（尤其是新生代独角兽企业）的生态体系。在笔者看来，所谓新生代独角兽企业应具备三大特征，即更加重视社会责任和社会创新，更具长线思维以及更具全球视野和全球责任感。

自2020年起，长江商学院和剑桥大学丘吉尔学院合作推出三期“Igniting Innovation for Impact”项目，并将经验逐步推广到欧洲、中东。

2021年12月3日，长江商学院与联合国教科文组织在其巴黎总部签署合作备忘录。一方面，双方达成合作，将于2022年12月开始联手为非洲培育一批“经济上新生代迭代的力量”，培育出更多非洲未来的独角兽企业；另一方面，双方将共享资源，助力非洲培育更多STEM（科学、技术、工程和数学教育）跨学科人才。

2022年3月，长江商学院与迪拜政府签署合作协议，由迪拜政府主导、长江商学院作为学术支持伙伴，共同在迪拜举办全球独角兽论坛并建立全球独角兽培训中心，为中东和中亚、北非地区培养新一代的独角兽企业。

不久的将来，长江商学院希望将“经济上新生代迭代的力量”的项目与平台一步步拓展至日本、韩国、东盟及拉美等国家和地区，建立、培育“经济上新生代迭代的力量”的全球生态体系。

面向未来，长江商学院将一面重视培养“经济上新生代迭代的力量”，一面重视社会创新，为全球培养更加重视社会责任的新一代企业家，为应对收入和财富分配不均、社会流动性下降及可持续发展等世界性重大问题，贡献中国方案和中国智慧。

项兵 博士

长江商学院创办院长、中国商业与全球化教授

导 言

杨晓燕、王哲、闫雯：
超越赚钱的功用，共建良善的社会

2022年是长江商学院创办20周年。自建校起，长江商学院便把“引领全球管理教育创新与发展，培育新一代商界领袖精英，推动社会和谐进步”的社会功能置于核心位置。长江公益奖已经走过8年，这其中涌现出了许多鲜活动人的案例。有校友为致力于解决某个社会问题乐善好施，有校友持续多年扶危助学默默深耕，有校友把社会价值深植于企业的战略运营，有校友在新型冠状病毒肺炎疫情来临之时倾企业和个人之力帮助弱势群体。有些校友组织和班级做公益颇有章法，运用企业家的思维逻辑、资源优势、创新能力，瞄准某个社会问题，持续发力。还有众多校友组织在每次疫情、灾害来临时挺身而出：当地校友会与学院联动，发起救援，兄弟校友组织纷纷参与，人、财、物全力支持，千里迢迢、风餐露宿将物资护送至灾区，贡献出“长江人”的一分力量，用实践行动诠释“无公益，不长江”的长江精神。

有如此之众的长江校友和校友组织做公益，“无公益，不长江”已经内化为一种“长江人”的精神。公益学时、“社会创新与商业向善”实践课程、长江公益奖、公益第一课、公益奖学金均是为培养出这种精神所做的努力。究其背后逻辑，长江商学院作为一家商学院，究竟为什么要求企业家学员践行公益，实现社会价值？

企业家的能力

1800 年，法国经济学家萨伊（Say）将“企业家”的使命定义为“将经济资源从生产力和产出较低的领域转移到较高的领域”。企业家具备寻常人所不具备的禀赋、洞察力与创新精神，在创造价值的同时获取相对高的经济回报。企业家的财富是他的，因为他为此付出了努力，承担了风险；却也不是他的，因为财富取自社会。著有《财富的福音》一书的企业家、慈善家卡内基曾说过，“富人是社会财富的信托人”。也正因为企业家的才智和能力，如果他们选择明智的使用财富，财富在他们手里将发挥出巨大的价值，为社会问题的解决、人类文明的发展作出难以估量的贡献。若如此，正如项兵院长对长江企业家校友的期望：“从富足的生活走向丰盈的人生。”

合法创造财富、促进经济发展的企业家无疑是值得尊重的。值得思考的是，在获得大量财富之后，企业家如何怀慈悲之心、借智慧之眼、以非凡之力，使财富发挥出最大价值，使个人的生命价值得到最大延伸，使世界变得更加美好？如阎爱民教授所言，企业家应当实现从利己到利他、利众生、利社会的心灵升华。

“尽其所能获取，尽其所有给予”是洛克菲勒家族对子女教育的信条，这一点与中国企业家张謇的由商至善的理念有异曲同工之处。清末状元，弃官从商，实业救国，张謇成为“实业大王”之后，主张“父教育，母实业”，他还创办了 370 多所学校，此中包括复旦和同济的前身。他不遗余力地推动民智开启。老洛克菲勒的好友兼顾问弗雷德里克・盖茨曾经告诫他，如果不在生前以高于聚财的速度散财，他的财产将发生雪崩，祸及子孙。从散财的理念出发，凭借长远的眼光和出色的洞察力，老洛克菲勒创办了芝加哥大学，他成立的洛克菲勒基金会创办了北京协和医院，前者陆续诞生了近百位诺贝尔奖获得者，后者为中国现代医学的发展奠定了坚实基础。

数字经济时代的来临，带来了改变。与传统企业家、慈善家相比，新一代企业家、慈善家更着力于通过创新解决社会问题。比尔·盖茨提出了“催化式慈善”，倡导在政府和市场尚未介入的领域发力，通过商业和技术手段解决社会问题，待找到解决方案后引入，市场和政府也参与其中，使其规模化，并转化为公共政策。盖茨自信地认为，他的基金会将在其有生之年关闭，因为他相信自己所关注的疟疾等相关议题将在其有生之年得以解决。同时，新一代企业家致力于打破公益和商业之间的藩篱，将全球数十亿金字塔底层人群看作潜在的市场，通过商业向善、影响力投资、社会企业等一系列创新模式，实现经济价值和社会价值的双赢。

时代的要求

现如今，我国 GDP 已经跃居世界第 2 位，总量破百万亿元，令国人自豪。然而由于人口基数庞大，我国人均 GDP 全球排名则为第 60 位。2022 年我国的基尼系数约为 0.466。说明我国在经济高速发展的过程中，也不得不面对收入和财富分配不均的问题，城乡差距、区域差距、行业差距亟须解决。

在此背景下，2021 年中央财经委员会第十次会议中，习近平总书记提出，在高质量发展中促进共同富裕；构建初次分配、再次分配、第三次分配协调配套的基础性制度安排；促进社会公平正义，促进人的全面发展，使全体人民朝着共同富裕的目标扎实迈进。在共同富裕的进程中，企业家和企业发挥着非常重要的作用。在市场为主导、效率优先的初次分配中，企业需要做大、做强、做好，推动技术创新，提高就业数量和质量，创造财富，做大蛋糕；在以自愿为基础、道德驱动的第三次分配中，企业应当主动积极参与其中，运用达则兼济天下的中国智慧，履行企业社会责任，为社会稳定健康发展贡献力量。相比前两次分配而言，第三次分配起着补充作用。从体量上来看，第三次分配在 GDP 中比例较小，但公益所产生的社会价值、社会资本，对于人的全面发展、社会公平正义的作用却不容小觑。

商学院的社会价值

过去两年多的时间里，在面对新冠肺炎疫情时，长江商学院全球长江校友组织、班级、校友企业不约而同，纷纷行动起来，在个体及其企业也面临风险的同时，不舍昼夜、全力投身到抗疫的战场当中。如北京师范大学中国公益研究院院长王振耀所说：“长江校友们的爱心与奉献首先展现出的是学员群体的力量，也反映了长江商学院作为全国第一家将公益作为必修课并列入学分考核的学院在社会创新与引领方面取得的成效。”

事实上，在长江商学院学员的意识和行动中，公益和学习、运动一样，已经内化成为一种习惯和行为方式。“无公益，不长江”也已经发展为长江商学院的一种独特的精神与文化。

导 言

朱光潜在《谈美感教育》一文中指出，“教育”一词在西文为education，是从拉丁动词educare来的，原义是“抽出”。所谓“抽出”，就是“启发”。教育的目的在于“启发”人性中所固有的求知、想好、爱美的本能，使它们尽量伸展。爱国实业家卢作孚也曾提到，学校不是培育学生，而是教学生如何培育社会。如果商学院能启发来读书的企业家学员超越赚钱的功用，关注社会的发展，使利己与利他和谐统一，在企业发展中注入利他的因子，最大限度发挥商学院的社会价值。

作为一所借中国经济发展之势成长起来的商学院，一直以来，长江商学院将社会创新与公益视为战略差异化的重要组成部分。商学院的核心优势一是教育，二是校友，如何将二者有机结合，通过教育来引导企业家校友群体履行社会责任，不仅关注如何赚钱，同时还关注如何花钱；不仅关注如何实现企业的经济价值，同时还关注如何实现企业的社会价值，是长江商学院一直以来教育的理念和立足点。朱睿教授主导的“社会创新与商业向善”实践课程就是让每位EMBA学员在其企业设计一个与主营业务相关的社会问题的解决方案，并付诸实践。每一位长江学员的入校第一节课便是公益课，这也是长江力图向学员传递企业家应当把履行社会责任视为价值观的重要组成部分。长期以来，长江商学院招募公益组织学员亦是如此，即将商业与公益纳入同一语境之中，相互理解，彼此融合，创造性地推动社会创新。48小时公益学时的要求，各地校友组织践行公益的文化导向，目的都是通过制度的设计、文化的培养，使公益内化为长江企业家校友的思考和行为方式，从而影响企业的价值观和个人的财富观。

《无公益，不长江：商学院的社会价值 2022》是长江商学院即将出版的第五本案例集。除了详细介绍公益奖的获奖项目案例之外，我们还邀请学者、企业家、公益领域实践者探讨关于商学院的社会价值和社会创新这一主题，期望能与社会各界同人一道，为社会的发展贡献力量。

感谢项兵院长、阎爱民代理院长、李海涛教授、朱睿教授在内的所有长江学者的理论研究和言传身教；感谢长江公益委员会、各校友组织及班级公益委员倡导和传播长江的社会创新与公益理念；感谢每一位“长江人”始终如一践行着“无公益，不长江”的长江文化；感谢每一位读者一起关注、探寻社会价值的共创之路。

杨晓燕　王哲　闫雯

引 言

许倬云：

中国文化精神的可贵之处——修己以安人

董仲舒的天人感应思想，包括人跟社会、人跟群体、人跟天下、人跟自然、人跟宇宙之间的互相感应。

知识是无穷的，可以无尽开发。开发者应该心怀的是为人，是为全体，是为人间，是为世界。我希望大家有空可以看看我的那本《中国文化的精神》。我在那本书中主要讲的是人自己的“良心”，可以帮人挡住诱惑、挡住误用、挡住无理，这是人应该做的事。

修己以安人，心有余力要安他人，从你附近的人“安”起，从家人到邻居、同胞到百姓、到全人类。这是中国文化精神的可贵之处。

法国的考古学家、古生物学家、神父皮埃尔·泰亚尔·德·夏尔丹（Pierre Teilhard de Chardin）在中国做了一辈子考古研究。他在研究古代生物的演化以及古代人类的过程中，接触到了中国的天人感应思想，写出了一本名为《人的现象》（*The Phenomenon of Man*）的书，现有的两版中文译本都翻译得不太好，我盼望国内有高手可以将这本蕴含无穷智慧的书好好翻译出来。他说人被贬出伊甸园，要到外面去修行。修行的过程从无到有，一步步从禽兽修行到人，然后回到Ω（希腊字母表的最后一个字母，Omega）。最终，这个Ω回到A（希腊字母表的第一个字母，Alpha），回到上帝，也就是说人也就变成神了，神有责任救济全世界，他是了不起的人物。

我做的是大历史的研究，但我从不轻视个人的作用。个人如果幸运的话，都会有一天可以说我为人类尽了力，这个时候他便回到了A。人与人的处世之道应该是将心比心，从安己扩大到安百姓的时候，你就做到了A。

有人提到国内现在流行的“躺平”思想。我佩服“淡泊”的思想，淡泊是救济贪婪、荒唐、放纵的良药，但不能从淡泊变成放弃。

为人在世不简单，人都是靠别人帮扶长大的，人都欠别人的“债”，应当珍惜自己，回报社会。有一个人不回报，世界就多了一个大窟窿；有一半人不回报，世界就溃散。各位企业家更是可以想想：在企业跟社区之间，老板同雇员之间，同行与同行之间，怎么样彼此协调，在某种限度的时间、方式、分寸之下，大家共同计划，形成一个相对的小循环。

许倬云　口述，冯俊文　整理
许倬云，著名历史学家、美国匹兹堡大学荣休讲座教授
冯俊文，美国匹兹堡大学亚洲中心访问学者

目录
无公益，不长江
商学院的社会价值2022
CONTENTS

第五章　年度长江公益项目

第一章

商学院社会价值的思想内涵

阎爱民
企业从承担社会责任到创造社会价值的时代之变

近年来，一种崭新的企业发展理念和模式引起越来越多的关注：企业实现经济价值的同时实现社会价值。

与此同时，长江商学院开始将企业社会价值的教育理念和内容融入教育体系中，成为企业社会价值的教育者、助力者和推动者，推动企业自觉向社会价值的创造者转变。此外，长江商学院还通过支持多元群体进入商学院学习，架起营利组织和非营利组织相互学习的桥梁，推动社会创新。

关于商学院社会价值的构建、引领和实践的相关问题，我们访谈了长江商学院代理院长、管理学教授、长江商学院教育发展基金会副理事长阎爱民。

企业创造社会价值是有意识、主动地寻求社会问题的解决方案

问：“价值”是经济学的主要概念之一，其核心是“商品价值”“市场价值”和“经济价值”，较少提到“社会价值”。作为管理学教授，您如何理解社会价值？它是否也应该成为管理学或经济学的研究方向？

阎爱民：从比较广泛的概念来说，价值是包括个体、组织在内的社会成员为社会创造的，满足了某些个体、团体或者社会的需要，并且起到了积极作用。所以价值是有某些益处和效用的，价值对社会的发展起

到一个正能量的作用。

我们平时经常讲的，大家都比较熟悉的是产品价值。例如，我们要买件衣服以满足保暖、美观等不同需求。这些产品价值会转化为市场价值，这其中包括市场是否认可、性价比如何等。

事实上，市场价值是从产品的角度、企业的角度来切入，是相对微观的。社会价值则比较宏观，其对整个社会或者社会的某些部分起作用。很多社会价值是由政府提供的，例如，国防使整个国家得到安全的保护。医疗，包括抗疫，这些都是政府创造的社会价值，我们将其称为公共产品或者公共服务。简言之，社会价值就是满足社会的需要，有益于社会的发展，有推动社会进步的效用。

社会价值的讨论使我想起我在美国带的第一位博士生的研究课题——社会资本。社会资本是个体或组织之间的关联、互惠性规范和由此产生的信任，包括个体、组织所创造、建构的积极正向的精神、理念、组织形式、治理方式、文化等，社会资本的累积对于社会的良性和可持续发展具有积极意义。中国改革开放四十多年来，社会资本一直在持续积累，由此产生社会凝聚力、上进心和向善的力量。如2022北京冬奥志愿者、抗疫志愿者的大量涌现和体系化的治理就是社会资本的重要体现。

问：社会价值是否也应该成为管理学或经济学的研究方向？

阎爱民：社会价值的研究是必要的，但会存在一些挑战。第一，社会价值是宏观的概念，对于个体而言，如企业家把企业的模式转向创造社会价值时，成就感往往不是短期内可以感受到的，从长期激励的角度来看，就不容易坚持下去。第二，价值是可度量的，产品价值从产品的质量度量，市场价值从价格和社会认可度来度量，但是社会价值的度量是比较有挑战的。我们做管理研究的人经常讲，人们只做可以度量的东西，如果做的事情长期得不到准确的度量，就缺乏成就感，很难坚持。社会价值，我觉得这是一个非常好的概念，需要各界共同努力才能使其发扬光大。

问：过去企业比较强调“企业社会责任”，近来又比较强调“社会创新与社会价值”。您认为这种话语表达的转化，反映了怎样的理念与认知的变化？在这背后，企业有没有从被动到主动转变的态势？

阎爱民：企业社会责任最早是由西方国家提出并开始实践的，后被引进我国。根据传统的经济学经典理论，企业是追寻利润的工具，企业的核心目标是实现利益最大化。在企业发展的过程中，久而久之就会发现，做企业会产生衍生影响。例如，企业在某地建一个工厂，得从当地招收劳动力，对当地的电、水会产生消费，甚至产生包括污染、噪声、当地物价上涨等负面影响。这些影响并非企业有意而为之，却是企业发展过程中难以避免的。

最初，企业认为这些问题都是客观出现的，和企业本身没太多关系。企业往往觉得为社会创造了就业、税收，就是为社会做贡献，试图用正面的影响抵消负面影响。随着时代的发展和消费者认知的进步，企业被要求在追寻利润的同时必须承担社会责任。企业带来了一系列的社会问题，无论企业愿意也好，不愿意也罢，必须对由此产生的社会问题负责任，从这个意义上来讲企业履行社会责任是比较被动的。到了现在，越来越多的企业开始主动追寻社会创新和社会价值。社会创新是用创新的理念、创新的方式，甚至创新的组织形式来解决社会问题。企业发挥自身优势，深度介入，用创新的方式实实在在地解决社会的问题，这就变被动为主动了。

可以看出，企业从社会责任到社会价值、社会创新，首先是主动性发生了变化。原来的社会责任是被动的、无意识的，现在的社会价值、社会创新是主动、有意识地为社会问题寻求解决方案。长江商学院要求学员在企业当中推动商业向善，将企业的主营业务和社会问题紧密结合，这对于企业的领导人的经营和管理观念具有颠覆性的创新。

同时，在解决社会问题的过程中，政府、企业和社会组织的合作至关重要。例如，长江商学院在革命老区江西吉安发起了“长江商学院吉安乡村振兴与可持续发展项目”，从教育、民生、产业的不同维度推动吉安乡村振兴，推出了包括“领航井冈”企业家高级研修班、长江商学院　遂川精准扶贫公益项目、善茶·狗牯脑茶公益项目在内的一系列项目，当地政府、企业和长江商学院都贡献出自己的独特价值，形成互补，共同解决一个地区的经济、环境、社会可持续发展和乡村振兴的问题，我认为这就是社会创新。

乡村振兴是一片蓝海

问：最近您提到“乡村振兴是一片蓝海，潜力非常大，机会非常多，企业家一定要坚持长期主义”，您认为企业应当如何参与乡村振兴事业，实现多元的价值？

阎爱民：实现中华民族的伟大复兴和乡村振兴，必须弥补短板。中国的四大城市——北京、上海、广州、深圳，按照现代生活方式来度量，跟瑞士差不多。然而北上广深大概只占全国总面积的0.33%，我们需要关注更加广袤的中国其他地区，特别是欠发达地区的发展。我到江西吉安调研，看到农民生活还是不易。

没有乡村的振兴就不会有整个中华民族的振兴；没有乡村的富裕，就没有共同富裕。实现共同富裕的最大挑战就是实现欠发达地区的富裕。我国农村地区人口众多，农民受教育的程度比较低，农业技术相对落后。国家在脱贫攻坚过程中花了很大的力气，取得了全面胜利，如何守住脱贫攻坚成果，防止规模性返贫的出现，推动乡村振兴是接下来要考虑的重要议题。

企业如何介入乡村振兴？基本上有两条路径。

其一，企业把主营业务的客户放置到乡村。企业提供更好的、更实惠的、乡村百姓消费得起的产品和服务，这就是助力乡村振兴。所以企业在考虑产品、服务的时候，应当把农村消费者视为客户，生产农村消费者消费得起的产品，提供符合农村消费者需求的服务，使其得到真正的实惠。当然，提供针对农村消费者的产品和服务，不能指望一夜暴富，要意识到任重而道远，要花时间和精力培育市场。企业短期内不太可能赚太多的钱，但是农村消费者的体量所产生的消费市场和商业潜力不容小觑，同时也会产生很大的社会价值。譬如通信业、房地产业、餐饮业、旅游业、文化产业、制造业、养老产业、健康产业等，都可以考虑深入农村。

其二，企业可以把乡村作为战略差异性的一部分。我去广西的时候，看到长江商学院一位校友把广西乡村的土鸡蛋、土鸭、土鸡、土猪销售到五星级酒店后，很受消费者欢迎，而且能卖出很好的价钱。我当时给他建议，他必须保证消费者今天吃的是土鸡蛋，明天还是土鸡蛋，保持稳定品质，不能搞一些以次充好的产品，诚信才能保证可持续性。企业也可以考虑为农村青年培训农业新技术，如农药灌溉、无人机播种等，推动农村就业，提升农业现代化水平。

乡村振兴是一片蓝海，乡村的市场很广阔，有丰富的想象和创新的空间，同时缺少优质品牌，大企业、小企业都可以投身其中。

你将成为你“行为”的那种人

问：您曾提出，企业家要实现从利己到利他、利众生、利社会的心灵升华。这里面包括了企业的经济价值和社会价值。请您具体谈谈二者的关系，如何在企业发展中实现经济价值和社会价值的双重驱动？有哪些趋势和方向？

阎爱民：关于利己、利他、利众生、利社会这个观点最早是我在台湾提出来的。2016 年，我带着一批长江商学院的校友去台湾游学，当时和马英九、吴敦义等一道参加了一场论坛活动。在我前边发言的一位是台商。他讲道，在大陆经商很大的挑战就是对于利润的追求程度。改革开放以来，大陆经济高速发展，商业竞争激烈，反观台湾则是容易满足于小富即安。之后，轮到我演讲，我说在目前阶段，大陆的大多数企业确实处于快速生长的状态，然而假以时日，十年、二十年之后，我们的大部分企业家必将实现从利己到利他、利众生、利社会的心灵升华。我在这样的场合之下提出了对中国企业家的期许，并且这些年我屡次提及这个观点：不仅企业要成长，企业家自身也需要成长。

问：也就是说，企业家首先要实现自己内在的成长。

阎爱民：生而为人，无论是做教授，做企业家，做工人，还是其他任何职业，都要有一个“人的发展”过程，要做一个“靠谱”的人，要有一个向善的过程，关注他人、关注社会的过程。

我教授的“组织行为学”里有一个理论，就是马斯洛需求层次的理论。需求分为五个层次，包括生理、安全、社交、尊重和自我实现，这是从物质层面到精神层面的升华。从个人角度来讲，从利己到利他、利众生、利社会，这是企业家从物质层面向精神层面的升华。企业家最后能做大企业，做有影响力的企业，并不仅是为了自己（企业家在物质层面的需求几乎都可以得到满足），实际上更多的是追求长远发展，追求企业的可持续发展。

从价值的角度理解，初始阶段企业家自己赚钱，满足个人的物质需求和实现个人价值；随着企业逐渐做大，在了解社会诉求的时候，企业家会逐渐走向利他，把善的一面更多地体现出来，为社会创造价值，这是一个循序渐进的过程。

令人欣慰的是，现在能做到从利己到利他、利众生、利社会的中国企业家越来越多，并逐渐形成一种风气，一种自觉的意识，一种文化的共识。企业家在追求社会价值的过程中，会逐渐触动灵魂，会更加由衷地、主动地去推动社会问题的解决。组织行为学里面有一句话，你将成为你“行为”的那种人。有时候，人的行为最初是被动的，是别人要求你去做的，然而时间久了，行动被内化了，人就会由衷地、自觉地去做。这就是“人的发展”的转化过程。

社会价值教育应当和经济价值教育有机融合

问：过去商学院的教育中把经济价值教育奉为圭臬，强调竞争。近年来似乎开始出现反思的声音，您怎么看这个反思的价值以及可能性？您认为商学院的教育对于推动企业实现经济价值和社会价值可以发挥怎样的作用？

阎爱民：商学本身是一门应用科学，并不是从理论开始的，是先有商业，后有商业教育。传统的商学院对商业的发展作出了很大的贡献。商学分很多学科，如财务、会计、运营、市场、战略等，这一系列学科从各自的角度来教授大家如何把企业做得更好，如何把蛋糕做得更大。经过商学院的学习，企业练好了本领，产生更多的利润，可以在缴税、就业等方面为社会做贡献，这一点是无可厚非的。但是长久以来，商学院教育一直关注商业的竞争规律，即怎样把企业做好。评判一个企业好坏的标准也主要侧重于外部结果，也就是看赚了多少钱，在竞争中是赢还是输。

然而，随着时间的推移，企业会产生衍生品的问题，可能给社会造成负面影响，需要反思。多年前，我在美国波士顿大学教书，当时美国安然等公司出现问题的时候，一些非常有远见的商学院教授开始思考，为什么企业会出现这样的问题？我记得哈佛大学商学院的院长、麻省理工学院斯隆管理学院的院长、波士顿大学商学院的院长和教授们反复讨论，在企业出现商业伦理、道德方面的问题之后，商学院应当承担哪些责任？唯竞争论的理念是否存在问题？反复研究后我们得出一个结论：要引进一门学科，那就是商业伦理和道德。这就是把社会价值融合到商学院中的一个具体案例。

现在，长江商学院的教育对象不仅包含商业机构，还包括非营利组织。我们愿意为商业机构和非营利组织架起一座桥梁。商业机构负责人来到长江商学院以后要向非营利组织领导人学习如何为社会创造价值，并将社会价值融合到企业的业务模式中；同时，非营利组织的领导人在长江商学院向商业机构负责人学习如何提升效率和管理能力。商业机构和非营利组织相互学习，在组织自身可持续发展的同时，为社会创造价值。

商学院要实现社会价值理念的构建引领，同时也要设计可落地的工具用于企业实践。

问：依您看，社会价值教育能否成为全球商学院教育的一个新方向？

阎爱民：社会价值教育肯定是一个新的、重要的维度，但是我并不主张把它作为一个分支，我更想强调二者的融合。社会价值教育不是商学院独立的分支或科目，而是应当和经济价值教育有机融合在一起。如《我侬词》所言：把一块泥，捻一个尔，塑一个我，将咱两个，一齐打破，用水调和。再捻一个尔，再塑一个我。我泥中有尔，尔泥中有我。在企业设计业务模式时就应当融合社会价值理念，这样生产出来的产品和提供的服务必然有社会因子，为社会服务。我认为所有的商学院都应该重视社会价值的教育，且一定要强调融合。

长江商学院与校友在社会创新领域教学相长，共同前进

问："无公益，不长江"已经在长江校友中深入人心。长江商学院探索创新了48小时公益学时、长江公益奖、公益第一课、公益奖学金等一系列举措，2021年还推出了EMBA"社会创新与商业向善"实践课程，要求每个学员在其企业推行一项商业向善的项目，推动学员实现社会价值。长江校友组织、校友企业在这三年的抗疫救灾方面都有非常亮眼的表现。您认为，长江商学院对企业家学员的社会价值教育，经历了怎样的探索、构建与创新？

阎爱民：二十年来，长江商学院与学员在公益、社会责任、社会价值方面是教学相长、共同前进的。长江商学院长期倡导和鼓励学员推动社会创新，并总结学员的社会责任与社会创新模式，总结归纳出来之后，在更大的校友群体当中去推广，让更多的企业家参与进来。在理论方面，长江教授要做到比学员早一拍，或者早半拍，实现引领。但是教授讲的很多案例都来源于学员的企业。实践不能脱离理论，理论一定要落实到实践中。商学院要跟学员教学相长，切磋琢磨，才能使理论不断得到完善和发展，同时使实践具有理论的基础和指导。

问：您如何看待长江商学院在社会创新方面的贡献和为社会发展提供的价值？

阎爱民：首先，长江商学院是一个平台，这里有经典和前沿的知识、经验、资源，有最好的教授，有世界前沿的理念和研究成果。优秀的企业家来长江商学院学习，彼此产生思想的碰撞和经验的分享。长江商学院作为学校，有传道、授业、解惑的责任；作为非营利组织，长江商学院天然具备非营利性。因此长江商学院倡导和研究社会责任、社会价值、社会创新，更容易被企业家所接受。

其次，长江商学院是一座桥梁，使商业机构和非营利组织的领导者实现互动。近年来，长江商学院非常关注普惠性的教育项目，例如，为公益组织人才设立了长江公益奖学金，在吉安革命老区培养企业家，开设针对农业创业者的项目，为西部商学院教师提供培训，为深圳社会组织提供培训，等等。长江商学院的长项是拥有丰富的教育资源和社会资源，将社会资源和社会资本融合起来，衍生出更多的社会价值，这是长江商学院的重要使命。

撰文　宋厚亮

朱睿

因义而利，商业向善

近年来，“社会创新与商业向善”的大潮开始涌动。长江商学院朱睿教授勇立潮头，成为中国商业向善理论的开创者、商业向善大规模实践的推动者。

“当我们提商业向善的时候，指的是企业要有共益的价值观，找到核心业务与相关社会痛点的交集，激励相容，设计一个全方位的制度，保障相关方愿意加入进来，在结合点一起发力。”在朱睿教授看来，商业向善是在企业的战略中，在业务发展中，在资源配置中，创造解决社会问题的模式，让企业在实现可持续发展的同时，成为社会进步的推动力量。

朱睿教授认为，“商业向善是企业的大势所趋”。在这个大势所趋的历史节点，我们通过对长江商学院市场营销学教授、社会创新与品牌研究中心主任、ESG及社会创新中心主任、长江商学院教育发展基金会监事朱睿的访谈，深入理解并认识商业向善的势、道和术。

问：朱教授作为《未来好企业》这本书的作者，也是长江商学院“社会创新与商业向善”研究与实践课程的开创者与推动者。据我们所知，课程邀请了100多位来自商界、公益界的导师，已经有1000余位学员上了这门实践课程。您开设这门实践课程的初衷、课程设计和课程过去的发展是怎样的？

朱睿：2013 年，我开始在长江商学院任教，教授消费者心理学。那时，我发现了一些问题，其中有一些是社会问题。我关注了这些社会问题后，就开始参与一些公益组织，希望尽自己所能做些贡献。但参与公益组织后我发现自己能真正参与其中的时间和精力都非常有限，效率也并不高。

尽管这些社会问题跟我的研究、教学工作没有太大关系，但是跟我的生活紧密相关，也是我很有兴趣去做的事情。我继续思考如何才能真正有效地解决日益增多的社会问题？我意识到自己有一个得天独厚的优势，就是我在长江商学院教授的学生跟其他院校的学生不一样，他们都是优秀的企业家，是社会的中坚力量，他们每个人的背后都是一大群人。所以我想，与其用自己微薄的力量去做，不如调动长江的企业家学员一起去做。如果这些人能在各自的企业经营中贡献解决社会问题的力量，成为实践者，成为撬动更大力量的支点。这个效果比我一个人做不知要好上多少倍。

2016 年，我开设“社会创新与商业向善”这门理论课。2016 年，这门课是选修课，2018 年成为必修课。这门课从选修课到必修课，再到开学第一课，被长江商学院认可，我越做越有动力，对于我来说，也是一个学习的过程。可是我发现一个问题，上过课后，同学们有了理念和认知上的提升，然而几乎没有同学付诸实践。于是我开始进一步思考，如何让企业家学员把理念和认知转化为实践，真正去做一些创新而且是一些系统性创新。2021 年年初，我和团队正式设计并启动了“社会创新与商业向善”实践课。过去一年多，从长江商学院 EMBA 36 期开始一直到 EMBA 38 期，课程在迭代，学员的商业向善项目成果开始显现。

问：这门课程经历了这几年的探索之后，接下来，您有怎样的计划和期望？

朱睿：“社会创新与商业向善”这门课程，我希望持续开下去，至少10年，可以影响一批又一批的优秀企业家。如果一年影响800多名企业家，10年就可以影响近万名企业家。在他们背后，还有员工、客户以及上下游企业，相信可以产生规模化的影响。

在课程基础上，我们也延展出了其他知识项目，包括案例研究、知识库、行业研究。我们希望以后入学的学员在做商业向善的项目时，能够有一个可供搜索的知识库，看看前面的同学做了什么样的项目，可以站在前者的肩膀上去创新。在授课过程中，我把一些国外的商业向善的标准介绍给学员的时候，他们认为这些标准不够本土化，基于此需求，我和团队正在为各个行业制订商业向善的倡议，希望后续延展成为标准。目前我们已经和游戏行业及餐饮行业的领军企业一起共创了这两个行业的商业向善倡议。我们希望使这样的研究与实践更加符合我国国情，推动各个行业的头部企业带领更多企业更好地做到商业向善。

此外，我希望这门课程与实践基于长江，起于长江，但不限于长江。希望有更多有识之士会聚到这个平台上，一起来推动中国商业向善。

问：作为企业家来说，过去都是追求利润，现在做商业向善与社会创新的动力来自哪些方面？做商业向善可以为企业带来哪些价值？

朱睿：这是特别好的问题。我来说说亲身感受，从 EMBA 36 期到 EMBA 38 期，我看到了同学们的变化。其实刚开始教这门课的时候，是很有挑战的，因为企业竞争非常激烈，很多同学的第一反应是没有太大动力来做这件事。但我激励他们，商业向善在国际上是大势所趋，大家可以领先一步来思考，我希望中国有更多令人尊敬的企业家和企业，而不仅仅是能赚钱的企业。此外，我也会列举一些国际上比较成功的例子。当时大概只有 10% 的学员能够理解我想表达的意思，并愿意积极去做；10%~20% 的学员认为这简直就是浪费时间；其余的学员就是跟着往前走，边走边看。

随着时间的推移，当同学们把商业向善的项目做出来后，他们自己也从中受益。这个益处不仅体现在经济价值方面，实际上商业向善短时间内很难实现其经济价值，他们的受益更多的是来源于内心的喜悦，他们发现，推行商业向善项目后，政府、员工、合作伙伴都会更认可他们。当他们表达这种感受的时候，对周围同学的影响非常大，远胜于我来讲。学员可能会认为我并没有做过企业，仅仅是在象牙塔里教书，但当他们身边的企业家同学来分享的时候，他们的感受就不一样，同学之间的带动作用非常大。

长江商学院有一位特别年轻的经济学教授范昕宇，他给了我极大的帮助。我和他聊到这门课，我说我希望同学们把向善的种子培育出来，然后长大。他对我说，你不能指望上几节课之后企业家学员的道德水准一下子就提高了，这做不到。经济学研究的是理性经济人，人都是追求自利的，那么如何在自利的前提下设计出一种激励相容的机制，让大家在自利之心中完成向善的目标？在这个过程中，企业家学员会变成更加具备道德情操的人。范教授向我介绍了相关经济学家的理论，这些理论现在已成为我课件中重要的组成部分。商业向善的愿景是“因义而利”，我会告诉同学们，设计目标时一定要考虑每一方的利益，让各方都能受益，当设计的体系能够激励相容的时候，大家都会愿意加入，每个人都愿意成为其中的一部分，从而实现目标。当目标实现，每个参与的人都会很开心，觉得这件事有价值，成就感和道德水准因此提升，从而更愿意坚持做下去。

今天当我再去上这门课的时候，再去鼓励学员的时候，我会讲商业向善不仅是国际趋势，也是一件越来越被尊重的事情，更是一条让企业实现可持续发展的路径。

问：也就是说，朱教授设计了一个非常好的模型来推动商业向善？

朱睿：我在《未来好企业》一书中提出了企业商业三部曲。第一，要有共益的价值观，目标一定是共益的、利他的；第二，找到企业核心业务跟相关社会痛点的交集，看哪个社会问题是自己最有能力解决的，在这个点发力往往可以做到事半功倍；第三，激励相容，设计一个全方位的制度，保障相关方愿意加入进来，在结合点一起发力。

大家可能会说这是“义利兼顾”，但是我会把它说成“因义而利”，义（社会价值）是目标，利（经济价值）是后续自然而然会来的事情，这两者不能调换顺序，如果把利当作目标，就会出现一系列唯利是图的弊端。

问：哪些企业天然具有商业向善的基因？哪些企业可以透过教育、他人倡导进而做到商业向善与社会创新？

朱睿：你可以说，有的行业本身有善的因素，例如，医疗、新能源行业。但我不会这样想，因为医疗、新能源行业也可能做不好的事情；而有污染的钢铁、制造业同样可以做出善的举动。所以我不会判断哪个行业更有商业向善的基因，我更愿意去说企业的文化，尤其是企业创始人的因素非常重要。一切都取决于人，就是看企业家想不想办一个用商业的力量来解决社会问题的、受人尊敬的企业。如果有这样的想法，任何行业都可以做到商业向善。

例如，游戏行业，它是我们研究的第一个行业。游戏行业饱受诟病，被认为是“精神鸦片”。但是当我们做游戏行业的商业向善倡议的时候，就会发现，只要一把手在企业中做商业向善的引导，完全可以做出一些事情来。例如，设计功能性的游戏，针对危重儿童和患有阿尔茨海默病老人的康复，或专为残障人士设计的无障碍操作，等等。

我一直觉得事在人为。烟酒行业客观地讲有极大的危害性，但是它们的存在也有合理性，如何在这些行业中尽可能做到商业向善？取决于人们如何去想，如何去设计。

问：您做商业向善的研究和做传统研究有什么区别吗？

朱睿：商业向善的研究和传统研究有很大的区别，传统研究是我一个人在办公室里做，最多可能跟我的合作伙伴一起做；现在做行业的商业向善研究的时候，是要与业内的头部企业联手来打造，这是因为头部企业对行业更有具体的感知和实践的经验。我们做商业向善倡议的目标并不是为了发表论文，而是为了企业能够去实践这些倡议。

我们的愿景是把各大行业商业向善的倡议和标准做一遍。我们已经提出了中国的游戏行业商业向善倡议，包括五个纬度，即青少年的保护、互联网时代数字媒体素养的培养、科技创新跨界服务社会问题的解决、文化传播等。我们做的第二个行业倡议是餐饮行业，准备开始做的第三个行业是制造业。再接下来，我们要去研究时装行业、酒店行业等。在这个基础上，我们希望每个行业每年都可以出商业向善白皮书，研究并见证每个行业商业向善的年度进展。

问：对比发达国家，在商业向善与社会创新这个方向上，中国是怎样的一个发展阶段与状态？中国可以从全球借鉴哪些创新内容？

朱睿：从整体来说，无论是商业向善，还是ESG的发展，中国与发达国家相比还是有一定差距的。从概念的引入到对这个话题的熟悉、了解和接受，再到标准的制定，都有一定的差距。但是一旦跟上这个节奏和速度，我们就可以去做一些创新，甚至在某些领域做到引领的可能性都非常大。例如，2016年我开设商业向善这门课的时候，介绍ESG这个概念，当时几乎没人知道，现在我再教授这门课的时候，班上很多同学都已经知道这个概念了。从发展时间点来看，中国在商业向善领域是后起的，但进展的速度和在一些领域的创新都是非常快的。

问：从商学院的教育来说，商业向善与社会创新实践课程会扮演怎样的独特价值？

朱睿：在商界，有世界 500 强的排名，主要看财务指标，《哈佛商业评论》也会看 ESG 方面的表现。但从学校的角度如何进行排名？通常考核的要素包括拥有的教授数量、发表论文及被引用的数量等学术科研力量。但我认为，商学院作为应用类的教育，它应该还有另外一种影响力，就是对商业世界的实际影响。哈佛商学院很大一部分的收入来自《哈佛商业评论》，包括案例版权的收入。如何积累这样的知识？首先可以通过一种严谨的、系统的方式去推广知识，从而产生商业影响力和社会影响力；然后将后续建成的知识体系沉淀下来，再分享出去，产生更大的社会影响力。我认为这会成为商学院评价的一个重要纬度。所以对商学院的评价，一方面要考查教授研究产生的学术影响力，另一方面要考查通过商业实践产生的社会影响力。

长江商学院开设“社会创新与商业向善”这门课，在全球都是首创。长江商学院是一个得天独厚的平台，让我们能做这样的创新。这种教育创新是十分重要的支点，以此撬动更多的更有影响力的人践行商业向善。

问：“社会创新与商业向善”是长江商学院推动教育创新引领的一个崭新方向，不知道有没有跟其他商学院的教授交流，其他商学院有没有可能也都开设类似的课程？

朱睿：这是特别好的问题。之前就有项目导师来问我要不要把这个项目推广出去。我希望不仅限于长江商学院，我很愿意把这样的内容分享给其他的商学院，以完全公益的形式分享给大家，包括怎么去设计课程内容，怎么去上这门课。我专门给中欧国际工商学院的老师做过一次分享，与他们分享怎么上这门课。此外，我们还在北京大学、复旦大学做过分享，马上还要去中央财经大学做一个分享。分享之后，各高校老师们都认为这个课程特别好，但同时认为实践起来有难度，所以目前更多的商学院更愿意把理论课先开起来。

商学院开设“社会创新与商业向善”课程，需要教授们投入很多的时间和精力，而且需要有一支强大的团队去支持。我很感激长江商学院，大家可能看到的是我在前面讲，但其实我后面有一支非常强大的团队，他们所具有的能力和付出的时间、精力在持续支持着我。所以我认为这是一个过程，我能够非常清晰地感觉到它一定会像种子在土里往上拱一样，积累到一定时间，我们就会看到希望的田野。我希望将来可以把商业向善做成像“玄奘之路商学院戈壁挑战赛”一样，各个商学院可以通过课程或者其他的形式推选出商业向善的项目，每年可以有这样的路演、评选、展播，让这些案例得以传播，让更多的人被“卷”进来，受到鼓舞，做更好的事情，这是我的一个愿景。

问：“社会创新与商业向善”对传统的商学院主流学科，如经济学与管理学研究会有怎样的补充乃至完善？

朱睿：这是我特别希望在后续的课程中能够有所提升的方面。"社会创新与商业向善"这门课推出来后，我意识到它应该可以贯穿在商学院很多的课程中。比如战略课程，如果商业向善的理念不是从企业的战略层面得以体现的话，是不可能被贯彻下去的。比如金融课程，金融资本如何思考向善，这是一个很重要的话题，资本往哪儿去就会推动哪儿前进。比如市场营销课程，包括我教的行为科学的课程，如何通过行为科学的理论、理念和先进的工具，让商业向善的理念得以更好设计，达到想要达到的目标。我特别希望这个课程不仅能对传统商学院课程进行补充，还能和传统课程融会贯通。所有的商学院专业课程，最终汇合在一起，实现商业向善的目的。我现在做的第一步就是让我们长江商学院的一些教授，包括战略课的教授、金融课的教授，成为这个项目的导师，让他们先"卷"进来，让他们先体验一下，之后他们便能自然而然地开始倡导和运用了。

问：您如何看待商学院的社会价值？

朱睿：无论是商学院还是其他学院，作为教育机构，作用都是教书育人，教育的本质是使学生在思想上、认知上有所升级，提升认知的境界。我觉得学校不应只是教一些具体工具的使用，更应帮助学员打开思路，站在一个更高的台阶上去思考问题。这是我开这门课希望达到的一个目的。起初开这门课的时候，我们会看到同学设计商业向善的项目会遇到大大小小的挑战，有些项目也未必能够像最开始设计的那样达到预想的效果，但是这里面我们都会看到一个特别好的点，就是大家的认知升级了。大家特别受感触的一点就是："哦，我原来可以这样去思考我的企业，可以这样去定位我的企业。我完全可以从商业向善的视角、因义而利的视角重新定位企业。”一旦定位到这个层面之后，企业家的格局，思考问题的维度，跟人打交道的过程就会不一样。而有了这些不同之后就会开辟另外一片天地，无论是寻找新的商业机会，还是思考如何打造企业的未来，都会拥有一个新的视角。商学院能够起到的一个很重要的作用，就是提升企业家学员的认知，能打造一家好的企业，成为一位真正令人尊敬的企业家，往往不是因为挣了更多的钱，而是因为创造了更大的社会价值，推动了社会进步。因义而利，商业向善，是我们希望能传递给这些企业家学员的愿景。为了实现这样的美好愿景，自然需要企业家用激励相容的商业智慧，带动诸多利益相关方参与向善事业。企业家学员是这个过程中的关键要素，他们在践行商业向善的过程中，会让更多对象受益，包括员工、顾客、社区、环境等，而这样的连锁反应恰恰也是商学院通过教育创新所能产生的巨大的、持续的社会价值。

撰文　宋厚亮

邓国胜

社会价值创新，可持续的方法是创造共享价值

社会创新是社会发展的重要力量，而企业又是推动社会创新的重要主体。在社会创新的过程中，当下企业在推动社会价值创新方面表现如何？存在哪些问题与瓶颈？特别是在与公益组织的合作上，企业如何与公益组织形成合力、优势互补？社会企业又在其中扮演什么角色？同时商学院教育又该如何因回应社会需求而进化？这些问题都需要进一步探讨。我们对清华大学公共管理学院副院长邓国胜教授进行了访谈。

相较于公益组织，企业的社会创新更具优势

问：企业正在成为社会创新的一股力量，根据您的研究来看，这一个方向有哪些发展趋势？

邓国胜：企业原本就是社会创新的主要力量，创新本就是企业的DNA，企业本就具有创新能力。不同的是，以往企业的创新基因主要用于商业创新方面；近一二十年来，企业开始从事社会创新，大量参与社会公益慈善，着力用创新的方式来解决社会问题。这是企业发展的一个转向，也是未来的一个发展趋势。

很多企业的社会责任部门逐渐意识到，企业需要不断升级迭代地履行自己的企业社会责任。企业从简单的捐钱，开始转向与其他部门合

作，整合资源，步入创新的新阶段，采用商业的手段来解决问题。甚至有些企业直接将企业社会责任部门改成了社会创新部门。这样的企业势必会越来越多，这也是企业未来履行社会责任的一个新方向。

这两年，受新冠肺炎疫情影响，经济不太景气，但在这种情况下，更需要企业用社会创新的方式来履行社会责任。所谓创新的方法就是更有效率的方法，经济越低迷，越需要用有效率的方式方法来解决社会问题。

问：过去，社会创新似乎更多是公益行业的话语。现在企业的社会创新相较于公益组织有哪些优势？

邓国胜：相对公益组织而言，企业更具创新意识，因为创新是企业内在的DNA，同时企业也拥有实现创新的资源和人才。中国的社会组织、社会部门，其人才、资源相对而言是更匮乏的，企业在人才、资源、技术等方面的优势是明显高于社会组织的。

这些年出现一个新动向，即更多企业开始以技术创新为引擎，用技术的力量来推动社会创新。如腾讯这样的科技企业，越来越愿意用科技的力量开展公益慈善活动，这为社会创新带来无限的可能，也极大地提高了公益慈善资源的使用效率。

以往我们视土地、人力资源是生产要素，如今数字化时代，信息本身就是非常重要的资源，是有价值的生产力、生产要素。那么，那些在技术、信息方面占据优势的企业，显然更具备社会创新的能力，拥有公益组织无法比拟的优势。

互联网企业在社会价值创新的推动上是积极作为的

问：互联网企业一直是社会价值创新的积极响应者和参与者，是因为它们更具备观念的优势还是能力的优势？您怎么评价它们的表现？

邓国胜：互联网企业肯定是社会创新的先锋力量，它们都在积极推动社会创新。像腾讯成立共同富裕基金，要投入1000亿元，阿里也宣布要投入1000亿元，字节跳动在社会创新方面的扩张更是快速，公司内部企业社会责任部门员工已超过100位。

互联网企业不仅口号喊得最响，也拿出了实际行动，配套的方法、路径也非常创新。腾讯的“99公益日”每年都会推出各种创新、便捷的方式来激发民众更积极地参与公益捐赠。字节跳动和阿里巴巴这样的企业也在积极发挥科技企业的优势，积极服务乡村振兴。比如这些企业帮助欠发达地区销售产品，帮助乡村产品进行包装、打造品牌等，帮助乡村培养电商人才等。

可见，这些头部互联网企业在履行企业社会责任、推动社会创新方面还是非常积极踊跃的。它们在社会创新的投入上都有所规划，无论是资金、人力还是资源方面，这至少表明企业愿意履行企业社会责任，愿意推动社会创新，这在其他领域是少有的现象。

总体而言，互联网头部企业结合企业的优势和资源开发出很多创新的公益产品，整体而言，互联网企业在社会价值创新的推动上是积极作为的。

当然，在这个过程中肯定也存在不少问题，社会创新本身就是一个摸索的过程，这些互联网企业如何将企业的社会创新行为催化出更大的社会影响力，这需要企业进一步去探索、改进和完善。企业需要思考的是如何撬动更多人才、资源参与其中，一起产生更大的社会影响力。

问：您提到了腾讯发起的“99公益日”，这被认为是一项具有代表性的社会创新，您对它有怎样的期待？

邓国胜：腾讯利用自身平台和流量优势，让“99公益日”成为一个几千万人次参与的社会事件，引发慈善圈外的社会公众的关注，使公益慈善不再是自娱自乐的小圈子事件，某种程度上产生了“破圈”效应。社会关注度高，有利于提高社会公众对公益慈善的认知。

期待腾讯对公益的投入可以继续加强，继续保持强大的创新与反思能力。譬如，就腾讯自身而言，除了腾讯公益平台以外，有没有可能开发出一款具有强大社会影响力的公益产品，同时催生其他公益机构设计出一批有广泛影响力的公益项目？

下一步，腾讯可以为公益组织提供更多政策引导与资源倾斜，激励公益组织通过“99公益日”及腾讯公益平台设计出更好的产品与项目，以吸引更多公众参与。毕竟，“99公益日”的价值不仅在于配捐了3亿元，还在于激发慈善组织自身的活力，带动更多人参与公益，用小钱撬动大钱。

社会价值创新，可持续的方法是创造共享价值

问：企业参与推动社会价值创新，与公益组织有越来越多的合作，双方如何更好地发挥优势？

邓国胜：在社会价值创新方面，未来的发展方向一定是资源的整合，是合作生产、协同治理等，这意味着解决社会问题应该发挥政府、市场、社会等多方优势，互相补充，这是毫无疑问的。但合作本身就是一件非常困难的事，如何让合作各方都满意，合作各方怎样形成集合影响力，这其实非常不容易。

我们中国人其实更擅长单打独斗，一旦涉及合作可能就会出现各种矛盾、利益冲突。看似各方在围绕同一件事出力，譬如大家一起在做乡村振兴、助残、助学、助医，但其实是各说各话，并没有形成合力，没有达到社会创新的真正效果，因为社会创新的一个重要特征就是极为高效地实现资源的整合。

在多方合作的过程中，资源是很难整合的，经常是流于表面的一些合作。譬如企业出钱购买社会组织的服务，资助社会组织开展一些项目等。真正懂得合作的主体很少，企业不懂怎么与社会组织合作，社会组织也不太懂如何与企业合作，甚至社会组织与社会组织之间也不擅长合作。因为每个人的目标、期待和利益点都不一样。如果深究背后的原因，可能与我们还没有彻底完成现代化转型有关，很多人心底的小农意识还比较强，总想着自己的一亩三分地。如此，人们在合作中难免会出

现各种各样的矛盾。

譬如腾讯每年投入很多钱和资源用于公益慈善，虽然不能说不存在任何问题，但这个互联网企业至少是用真金白银在做事情，可现实是，从中分多分少各方都很有意见。我们对这样的企业应该给予一种建设性的批评，给予企业成长的机会和时间，对其持一种宽容的心态，而不是破坏性批评。

关键问题是，我们要思考在企业与社会组织的合作中，各方如何充分发挥出各自的优势，并将其优势整合起来，形成合力，这是一个不容易的挑战，未来还有很长的路要走。

问：企业比较重视效率和效益，在实现社会价值的社会创新中，是否也要坚持这一点？

邓国胜：企业从事社会创新，从全球趋势来看，一个可持续的方法是创造共享价值，让社会效益、经济效益和生态效益形成一种平衡。这就需要企业更有创意地找到这个平衡点，并且找到一个工具来实现这种平衡，兼顾社会与经济的效益，这是很不容易的。企业从事社会创新是方向，虽然行走在路上，但离目标还很遥远，路也很难。

其实，国内关于社会创新、社会企业的知识并不缺乏，很多商学院都开设有相关课程。关键是要有一个启蒙的过程，需要更多人深入了解并参与，需要更多人投身其中去推动，事在人为。

问：您提到了“创造共享价值”，如何具体理解？

邓国胜：企业回报社会要有新的理念，就是在发展的前提下，回报社会要注重创造共享价值——就是既要创造社会效益，同时还要创造经济效益。比如一些企业在参与脱贫攻坚过程中，履行了自己的社会责任，进行了捐赠，或通过员工的志愿服务，为贫困地区的弱势群体提供专业的技术辅导，甚至给他们提供一些促进发展的种子资金。这是企业履行社会责任的一种方式，即创造了社会价值。

但如果企业在这个过程中，通过帮助欠发达地区改善了生态环境、通过帮扶提高了欠发达地区农民合作社的产量，同时也为企业获得稳定和高质量的原材料供应，获得了一定的经济效益，那么这就是一种创造共享价值的方式。

也就是说，企业在履行社会责任的过程中，不仅可以创造社会价值，而且反过来也可以有助于企业自身长远的发展。像有些企业在保护水源地、改善当地环境的同时，也为企业获得清洁的水资源提供了保障，这就是创造一种共享价值。

所以，企业回报社会是创造经济与社会效益的双丰收。未来企业要回报社会，还要有一种新理念——怎么创造一种共享价值，既回报了社会，同时也有利于企业自身长远的发展。

企业设立社会企业是一个更可持续的方式

问：在社会创新力量上，社会企业开始进入政府和大众视野，一些企业不再直接进行慈善捐赠，而是设立社会企业，您怎么看待这一新模式？社会企业有没有可能做大做强？

邓国胜：企业直接设立社会企业，这当然是一种更可持续地履行社会责任的方式，这在国外很普遍，但国内非常少见，可能只有碧桂园这样的企业有所尝试。症结在于，社会企业这一概念进入中国也就十几年的时间，而任何新知识都有一个传播的过程，很多人对社会企业的内涵并不了解。

再者，社会企业无论是在数量还是规模上，发展都不尽如人意，存在各种挂羊头卖狗肉、坑蒙拐骗的现象，令人对其存疑，这也是可以理解的。但无论如何，不能因为存在问题就不发展了，不能因为有“苍蝇”就把窗户关上。既然打开了窗户，就应该多了解、多培育社会企业，同时各主体之间也要相互理解。既需要社会企业能够更好地理解投资机构，也需要投资机构有更包容的心态扶持、培育社会企业。

问：关于社会企业的利润分配，大家有不同的看法，有的主张分配给股东，有的则不主张这种做法，您认为呢？

邓国胜：关于社会企业利润分配的问题，其实学术界和实务界都存在争议，各国在这方面的政策也不一样。社会企业到底能不能分配利润，多大比例上可以分配利润，这是一个见仁见智的事情。我个人认为，社会企业发展还处于初期阶段，还是应该允许社会企业能够有适度的利润分配，否则社会企业就没有继续发展的动力。倘若社会企业的股东没有任何利润分配，那股东为什么要投入呢？大多数企业之所以愿意投资社会企业，也是为了平衡经济效益与社会效益。如果从中得不到任何经济收益，何谈经济效益与社会效益的平衡？很难有企业会有动力来持续地支持社会企业发展。

当然，我认为社会企业的股东在利润分配上与普通企业是不一样的。社会企业是以解决社会问题为首要目标，那么社会企业股东利润分配的比例应该有所限制。有些国家限制这个利润分配比例不超过 30%，最多不超过 50%，总之能保障一个有限度的利润分配，这是可以推行开来的。

长江商学院在社会价值创新的探索非常早

问：近年来，一些商学院的新举动引起了不少关注，特别是长江商学院。在推动企业社会价值教育方面，长江商学院探索创新了 48 小时公益学时、长江公益奖、公益第一课、公益奖学金等一系列举措，自去年起还推出了 EMBA“社会创新与商业向善”实践课程，要求每位学员在其企业推行一项商业向善的项目，推动学员实现社会价值。您认为长江商学院对企业家学员的社会价值教育有哪些推动价值？

邓国胜：商学院肯定还是以教授经营管理为主，但这些年开始兴起资本向善、无公益不商业等理念，这些都是好趋势。其实国外的一些主流商学院、经管学院，很早便开设了社会创新、社会企业等课程。2007年我访学美国，特地选修了一门社会企业课程。

在国外，商学院教育中融入社会价值创新的相关内容是非常普遍和主流的。但在国内，商学院教育体系内嵌入社会创新、社会企业、公益慈善等相关教育的不到1%，占比非常少，只有以长江商学院为代表的几个商学院而已。长江商学院在社会价值创新这方面的探索非常早，比较超前，但仍处于一个摸索的阶段。

国外商学院之所以推崇社会创新、社会企业、公益慈善等相关教育，是因为人们越来越认识到企业不仅要创造财富，为股东带来利润，更主要的是推动社会变得更美好。企业家们不应该只关注股东利益，而应关注更多的相关利益群体。因此，国外商学院会着重培养企业家学员资本向善的意识，也相应会开设课程来引导企业家助力社会可持续发展。

凡事都有一个启蒙的过程。总体而言，国内未来肯定会有更多商学院像长江商学院那样，在传统商学院教育的基础上，融入更多社会价值创新的相关内容。思想一旦转变过来，改变也在路上，关键是看社会能否形成“资本向善”的共识吧！

撰文　浮琪琪

金锦萍

允许企业自由选择，这本身就是一种社会价值

在企业与公益连接日益深入的今天，跳出习以为常的企业公益框架来看企业的社会价值创新很有必要。中国企业如何在谋求商业利益的同时兼顾社会价值和多重目标？中国企业如何在传统公益方式之外，探索更新、更可持续的公益路径和形态？当企业选择将社会价值融入企业整个生命发展周期，面对由此而来的风险与冲突，企业又该如何考量？北京大学法学院非营利组织法研究中心主任金锦萍分享了自己的独到见解。

问：您主要研究民商法和社会法，对企业在公益事业的推动一直有研究，也有诸多介入与指引，您认为中国企业的公益有哪些特质？

金锦萍：这很难一言以蔽之。因为中国企业类型多样，有国企、民企、外资企业等。界定清楚企业类型非常重要，否则很难讲清楚中国企业公益的特质。不同类型的企业在公益方面的战略、策略肯定会有所不同，即便是同一类型的企业也有很大的差异。

假如就与公益组织相比较这个前提而言，其实企业与公益组织本身也不是完全分离的。企业做公益既可以成立企业基金会，也可以与公益组织合作。如果将中国企业公益界定为一个非常宽泛的概念，那企业公益可能是囊括了企业捐赠、企业设立公益专项基金、企业成立基金会、企业与慈善公益组织合作、企业承担企业社会责任、企业强调价值投资

和社会创新等，总之企业公益是一个非常广的谱系，难以轻易概括企业公益有哪些特质。

如果只是将企业公益理解为企业作为一个商业主体，在从事商业活动的过程中兼顾公益目的，这种理解就比较狭窄了。

问：去年，腾讯启动1000亿元的社会价值创新计划，在基金会之外，又启动社会价值创新，据您观察，这代表了一种怎样的方向？

金锦萍：腾讯的1000亿元社会价值创新计划，现在明确提出来了，但具体的使用方向和实施战略，应该还在一个认证的过程中。关键还要观察这个社会价值创新计划与腾讯基金会之间的关系是不是完全独立的。因此，目前还不能贸然讲腾讯这个举动体现出什么明确的发展方向。但是，从目前公开的信息来看，腾讯的社会价值创新计划应该是广义的企业公益范畴，这表明企业已经将公益作为企业发展战略中不可或缺的一部分，而非相对独立的因素。

问：您认为企业社会价值的创新到底指的是什么？

金锦萍：企业做公益可能有两种传统模式，一种是企业主体履行企业社会责任，将企业社会责任当作企业整体发展的一部分来进行；另一种是企业成立一个企业基金会，将公益和商业分成两个独立板块来做。

一些观点认为，企业常用的这两种传统模式具有局限性，需要突破和创新。企业能否将自身对社会创新、社会价值的强调融入企业发展战略里，并不只是单纯将其看成一种企业社会责任，或单独发展一个企业基金会，而是将公益、慈善融入整个企业生命体的发展周期中。相对于企业社会责任、企业基金会这两种方式，企业价值创新是企业公益的升级迭代，从这个角度而言，提企业社会价值创新还是具有一定创新意义的。

问：您认为，当下我们在对企业公益的认识上还存在哪些误解或误区？

金锦萍：重要的是，不要将商业与公益对立起来，这两者之间不是完全区分开的。这也是为何会有“商业是最大的公益”这种说法。但很多人反对这一说法，足以反映出在我们潜意识里还是将商业和公益看成相互独立的。

当然，在研究范畴，商业和公益肯定是各自独立的，特别是论及组织的属性、规范、边界等问题，商业和公益一定是需要分开厘清的，这是为制定相关法律、政策提供基础，也是一个逻辑起点，但不等于所有组织体就要在这两个阵营里选边。

从某种意义上来讲，企业自身的发展在改变人们对企业的固有认知。人们总认为企业只是一个商事组织而已，但我更愿意视企业为事业主体，这个事业既包含经济目标也包含社会目标。甚至社会企业这个概念也只是强调了某一种企业类型，但其实所有企业可能都内含社会目标和社会价值。

如果引入这样一种视角，我们就要重新审视企业作为组织体的目的和使命。此前，按照传统经济学的认知，企业只是一个商事主体，要遵循市场规则，甚至早先还认为企业的捐赠行为是非理性的，是损害股东利益的。

现在我们重新审视企业，倡导社会创新和社会价值，本身意味着我们要打破对企业认知的两分法，允许一种新型组织形态出现。这种新型组织形态同时兼顾多重目标，那么这种组织体还是不是一个传统的企业？还是被归类为兼顾双重目标的社会企业？或本质上是以营利为目的但兼顾多重社会价值的共益企业？这些划分其实是企业按照自己的选择进行运营之后，外界给企业添加的标签。

问：那外界对待企业自身的选择，应该持一种什么样的态度？

金锦萍：自由选择权一定是在企业手里的。外界还是要允许不同的创业者、企业家按照他们的意愿来自由选择合适的组织形式。我并不认为企业都去追求社会目标就是好的，我依然认为市场里还是要有一些狼性十足的企业。这种企业可能还是以经济目标作为最重要的考量，同时它们也可以选择将公益、慈善作为一个独立的板块来考量。

我们不要倡导唯一的组织形式，更不能要求所有企业都去追求社会价值。我恰恰认为，在一个多元化社会里，从纯粹以商业为追求目标的组织，到单纯以公益慈善为目标的组织，这之间是一个广谱，是可以自由选择的，这才是一个比较理想的社会。不是外界觉得企业应该怎么样，推崇一个格式化的单一模式，而是营造热带雨林一样的多元生态，避免道德讹诈，尊重企业自由选择的权利，这才是符合人性的。

企业要追求什么样的发展目标，这不是被灌输出来的，而是企业在发展过程中逐渐探索、感悟出来的，企业自然会在每个发展阶段作出趋于理性的选择。

当然我们可以引导，比如法律和政策都有相关引导，我们也会区分公益和商业的边界问题，这是为了防止有人以公益慈善之名行营利之事。当企业选择不同组织形态时，这意味着企业选择不同路径，要遵循不同规范，选择的路径和追求的目标要吻合，要名副其实，要符合企业对外所宣称的，这很重要。

总而言之，当我们强调所谓的社会创新、社会价值时，也应认识到，不同主体能够自由选择，这本身也是一种社会价值。

问：互联网企业一直是社会价值创新的积极响应者和参与者，您怎么评价他们的表现？

金锦萍：互联网企业的特性之一就是多少都会具有平台属性和公共属性。互联网企业发展到一定阶段，掌握海量数据、人员的准入、游戏规则、流量分配等，已经不只是单纯的商业行为。因此，对互联网企业强调社会价值，这与其行业本身的公共属性相关。这就要求互联网企业不能只强调以营利为目的，不能完全按照商业目标决定流量分配，不能唯利是图，不能进行价格的恶意竞争，也不能基于平台垄断地位而攫取高额利润或非法收入，等等。

实际上，如果互联网企业不自律，那就肯定会有他律，如果企业不在追求经济目标的同时兼顾社会价值，那法律、公共政策等会让企业不得不重视社会价值。

当然，这是互联网行业的特质所决定的，也不一定体现在其他行业中。

我们在讲一个企业是商事主体时，我们可能会认为企业最重要的责任是给社会提供合乎质量要求的产品或服务，为人们创造劳动机会，保障企业员工的基本劳动权利，提供更好的劳动环境，等等。这些都是企业这个组织体应承担的责任，这也是企业社会价值的重要组成部分。当我们强调企业的社会创新和社会价值时，这些最能体现企业社会价值的、基础的内涵还依然存在。

因此，从某种意义上来讲，当我们提出一个新概念时，一定要考虑这个新概念与原有概念、原有模式之间的延续和传承，而不是完全颠覆。新概念并不意味着原有的方式不行，而是出现一种新方式，这个新方式为企业多提供了一种选择。

问：很多企业经常选择的一种方式是企业与公益组织合作来做公益，您认为这种合作是有效率和创新的吗？还存在哪些问题？

金锦萍：企业与公益组织的合作方式有很多种，并不是单一的。譬如，双方一起合作来开展募捐活动，其实是公益营销的一种方式；再譬如，商业组织与慈善组织一起来执行公益项目，因为慈善项目执行过程中也需要购买服务、商品等，又或者企业与公益组织双方形成战略合作关系。

企业与公益组织之间永远不是水火不容的。重要的是，项目执行方式究竟是放在慈善界别内，还是放在商业界别内，这两者还是有区别的。慈善组织跟商业组织开展的合作也是可以从事商业活动的。但是当它们合作时一定要搞清楚，它们是在以商业的方式执行公益项目，还是以公益的方式进行商业推广。这些差别决定项目要被归类到商业还是公益的法律规制领域。

譬如，我们讲公益营销，本质上并不是一次募捐，因此对公益营销的规制更多是通过《中华人民共和国广告法》《中华人民共和国民法典》，而不是通过公益募捐的规定来规制。同样，一些慈善组织如果在传统慈善项目执行中引入商业机制，这种情况仍然被认定是属于《中华人民共和国慈善法》规制范围内。

因此，虽然企业与公益组织合作的方式非常多元化，但还是要判断其本质如何，并根据其本质来判断其适用的法律规范。

问：作为一种选择，现在很多人倡导企业将社会价值融入整个企业生命周期。当企业选择这个方式，这中间有没有一些法律的边界问题值得企业注意?

金锦萍：企业本身还是一个商事组织，在法律框架内被视为一个营利法人。企业的股东享有剩余利益索取权，假如将公益加入企业的发展战略中，本质上并没有改变这个企业的属性，企业依然是商事主体。如果企业不再满足自身商事主体的身份，也不设股东，那么企业的性质就变了，成了一个非营利法人，不再以营利为目的。

在企业的发展过程中，假如企业仍然保持营利法人的形式，即使企业在生命周期中加入再多公益因素，但作为商事主体，企业的受托人或管理团队，还是要向企业的股东承担责任。但问题是，公益因素、社会价值因素的加入，对企业受托人、管理团队会造成很大的挑战。

譬如，企业受托人如何最大化地为投资人的利益服务？因为有时社会价值目标会以牺牲当下商业利益为代价。在这种情况下，企业的股东可能会有很多反对意见，那么企业的受托人如何说服股东？甚至如果出现司法诉讼，企业受托人如何证明自己尽到了相应义务？

另外，在企业发展过程中，企业的投资者是多元的。当企业选择兼顾社会价值目标时，企业需要将这一信息准确无误地传递给投资人，让投资人判断自己是否继续投资，因为投资人是财务投资，可能在价值观上与企业理念发生分歧。假如不做好信息披露，投资人会认为企业受托人没有尽好责任和义务。

企业在追求社会价值和社会创新目标时，意味着企业原有的股东管理团队与整个执行团队之间的关系发生了变化。同时，兼顾多重目标的企业也会影响到投资界，这样的企业吸引的不再是纯粹的商业投资者，可能更多地吸引的是社会价值投资、社会影响力投资。甚至在企业内部也会产生一些变化，如员工的绩效考核也会相应受到影响，企业对员工的考核可能不仅仅是KPI（Key Performance Indicator，关键绩效指标）这样可量化的、冷冰冰的数据，而是要考核更复杂的、能体现企业使命价值的员工品质操守等不容易被量化的指标。

整体而言，当企业将社会价值融入企业整个生命周期，这意味着企业需要注意很多法律边界问题，同时在企业内部管理上也会面临众多挑战。

问：近年来，商学院的一些新举动引起了不少关注，特别是长江商学院。在推动企业社会价值教育方面，长江商学院探索创新了48小时公益学时、长江公益奖、公益第一课、公益奖学金等一系列举措，自

2021 年起还推出了 EMBA“社会创新与商业向善”实践课程，要求每位学员在其企业推行一项商业向善的项目，推动学员实现社会价值。您认为长江商学院对企业家学员的社会价值教育，有哪些推动价值？

金锦萍：其实社会价值教育的一个重要作用是帮助企业家在商业实践中领悟到企业应当兼顾社会价值，如此企业才能够发展得更加健康，也能走得更远。对一个伟大的企业而言，对社会价值的关注是必不可少的，这也是企业发展到一定程度后，每个企业家都会领悟到的，当然这是一个自然的过程。

长江商学院等商学院课程给予企业领导者一些关于社会价值教育的理论知识和实践案例，这相当于为企业家们打开了一扇领悟社会价值的窗户。特别是对创业期的企业家而言，商学院提供的社会价值教育有助于他们从企业创立之时便意识到社会价值的重要性。这避免企业家走一条截然两分的路：在人生的前半段拼命挣钱，完全忽略社会价值；人到中年却忽然离开商界，全力从事慈善。

实际上，企业完全可以兼顾社会价值和经济目标，比如社会企业、共益企业，而投资也完全可以兼顾社会价值和经济目标，比如社会影响力投资、公益创投等。事实上，企业家完全可以在整个事业的生命周期内同时追求多重发展目标，不见得要将企业发展和人生追求分成截然不同的两个阶段。

问：在您看来，社会价值教育能否成为全球商学院教育的一个新方向？您如何看待商学院的社会价值？

金锦萍：社会价值教育在商学院教育体系里是一个重要的组成部分。事实上，商学院的知识供给还是相当丰富的，包括商业伦理、商事组织、上市管理和经济管理等更多偏向市场机制的内容。但商学院也逐渐注意到，左右人行为和意愿的，不是单一的模式，如经济学常提到的理性经济人假设。在消费、投资等领域中，人们已经不满足于只是经济利益得到实现。

这也意味着，我们在提供商品和服务的时候，不再只单纯地将其建立在成本、收益的价值比较上，因为消费者不仅追求物美价廉，也看重精神上的收获和愉悦。譬如，消费者在选择商品和企业时，会考虑这个企业是不是一个注重环保的企业，是不是一个推崇良善的优秀企业等。企业的文化、理念等深刻影响消费者的消费行为。因此企业提供的商品、服务必然要体现出一定的社会价值。

在这样一种发展趋势下，不仅商学院的课程构成会被影响，可能整个经济学、整个商事组织管理理论等都会受到影响。那些曾经被认为是装饰性的概念，比如企业社会责任等，会被证明不是边缘的，可能还会占据企业发展战略的重要位置。在此基础上，商学院教育不仅单独设立了所谓的公益课程，还在所有课程中都加入公益元素，比如企业的人力资源管理、绩效考核、投资战略和品牌营销等课程。

我很期待商学院在注入公益、社会价值元素之后会有革新和变化。

撰文　浮琪琪

第二章

企业如何创造社会价值

李逸飞

带入企业成功要素，实现社会价值共创

李逸飞，长江商学院企业家学者项目 4 期，EMBA 21 期学员，第七届长江公益奖“年度公益影响力人物”获得者，三七互娱创始人、董事长，广东省游心公益基金会主席。

问：作为一家文娱上市公司，您如何看待企业的经济价值和社会价值？

李逸飞：对于一家上市的社会公众公司来说，我认为企业的经济价值应该与社会价值并重，企业实现可持续发展才能有更多的资源投入社会价值的创造；企业对社会价值的探索，反过来又有助于企业的可持续发展。

我们以“传承中华文化精髓”为理念，以“成为一家卓越的、可持续发展的文娱企业”为愿景，特别突出了“中华文化”和“可持续发展”两个概念，在我看来就是社会价值与经济价值相互促进的一种积极探索。

中华文化是我们的血脉和根基，作为一家文娱企业，这些年我们在业务层面开展了很多弘扬中华优秀文化的工作，比如我们面向全球发行的“叫我大掌柜”这款游戏，就以宋代清明上河图为背景，是中华文化面向全球游戏玩家的一次全新呈现，也取得了非常好的发行效果，说明

全球玩家都在了解、接受中华文化；我们还和中国文化传媒集团旗下的中传文创投资有限公司联合推出了“国家文化公园”主题数字藏品，包含了长城、大运河、长征、黄河、长江五个国家文化公园，用这种创新性的方式让社会公众领略文化遗产和自然遗产，感受中国精神和中国形象。

我们谈“可持续发展”，也照样离不开传统文化。我们在2022年发布的社会责任报告整体设计创意，就创新性地把《楚辞》里的经典章句、《山海经》和《淮南子》里的神话仙怪以及中国古汉字和中国传统色进行了有机融合；我们还和广州市委网信办合作开展“非遗广州红”活动，以线上线下展会的方式把非物质文化遗产向社会公众展示出来。

这些都是我们发挥文娱企业优势、服务社会发展的一些体现，也是我们认为社会价值与经济价值并重，两者相互融合、相互促进的一些探索。

问：2021年，您提出了公司的5亿元“社会价值共创”计划，从六大领域推动共同富裕。这个计划是如何设计规划的？现在进行得怎样了？

李逸飞：这个计划包括六个方面：员工职业发展、乡村教育振兴、乡村产业帮扶、高校产学研合作、功能游戏探索、科技创新。这六个方向的最终指向就是党和政府所提出的社会共同富裕。

这六个方向的逻辑大致是这样。

作为一家互联网企业，人才是第一生产力，也是我们的核心竞争力。所以我们把员工职业发展、乡村教育振兴放在首位。

提升员工的职业发展潜力，与员工共享发展成果、与员工共同富裕，是企业创造一切社会价值、经济价值的前提。所以我们通过多种方式，尽最大努力吸引和保留优秀人才，比如我们已经连续多年开展住房免息借款计划，2021 年将年度总额度提升到了 3000 万元；2022 年还启动了“第四期员工持股计划”，覆盖约 650 人，相较于 3 年前的第三期员工持股计划，增加了 200 多人，覆盖面更广了，让更多核心人才愿意继续与公司一起奋斗。

接下来是乡村教育振兴。大家都知道，现代社会以及未来社会，对人才的需求和竞争都会异常激烈，大到一个国家、小到一家企业，能否持续获得优秀人才，很大程度上取决于社会对人才的培养和供给，所以我们在乡村振兴方面尤为关注教育，关注人才培养。乡村振兴离不开人才，社会发展更是离不开人才，所以我们开展了面向农村优秀高中生、大学生的赋能帮扶工作，通过我们设立的游心公益基金会，连续多年开展助学帮扶，也培养了许多考入重点大学的优秀学生。

乡村产业帮扶，在我们看来是对乡村教育振兴的有力支撑，只有乡村的生计得到大力发展，来自乡村的学子才能获得更优质的教育，成为更优秀的人才。所以我们尽己所能，在贵州、云南等山区采购蜂蜜、茶叶等农产品，既帮助农户解决了生计问题，又对接了企业对优质农副产品的需求。

然后是和高校进行产学研合作。这里的产学研不仅是业务层面的，更是社会责任、共同富裕、可持续发展相关议题的产学研。业务层面，我们与多所大学建立了实训课合作模式，由企业的资深技术人员进入高校担任讲师，教授业务实战经验和技能；社会责任层面，我们发动高校教师带领大学生参与一些对社会有价值、对企业有促进的课题研究，同时还能让大学生获得学习实践的机会，一举多得。

功能游戏探索、科技创新这两个方向和我们的业务有更紧密的结合。

我们已经出品了十余款功能游戏，这些游戏本身可以承载很多社会议题，通过娱乐化的方式，更有效地传递科学知识、文化知识，以寓教于乐的方式探索社会问题解决之道；另外，我们也在公司自研的重度游戏中探索植入非物质文化遗产元素，前段时间我们把广东的非遗传统武术洪拳的一套拳法放到了《斗罗大陆：魂师对决》这款游戏中，玩家可以在游戏中看到 NPC（非玩家角色）展示洪拳，产生了很好的传播效果。

科技创新则进一步服务于满足人民群众对美好生活的需要。以现在很火的元宇宙概念为例，我们已经与解决元宇宙底层逻辑和科技瓶颈的多家企业建立深度合作，涵盖空间智能技术、光学模组、半导体、人机交互等核心技术领域，相信未来这些科研成果不仅可以让元宇宙成真，还可以将相关科技成果用于更广泛的社会服务领域。

员工职业发展、乡村教育振兴、高校产学研合作属于人才培育，乡村产业帮扶、功能游戏探索、科技创新属于创造美好生活，所以我觉得这六大方向可以概括为一句话：与优秀人才共创美好生活。

问：您认为企业家如何能有效参与第三次分配和共同富裕进程？

李逸飞：第三次分配的核心逻辑是自觉自愿的行为，所以我认为企业可以通过积极履行社会责任来参与第三次分配，促进共同富裕。

具体来说，我们通过设立公益基金会来参与乡村振兴等社会议题，通过把业务与科技创新、人才培养等核心话题建立内在联结，形成我们自己的“社会价值共创”计划，对某些重要社会议题作出正向回馈、积极贡献，来参与这一伟大进程。

我觉得在这一伟大进程中带入企业的资源、优势、能力、效率、市场敏锐度等成功要素是非常重要的，也会是企业区别于政府部门和社会组织的价值所在。

问：三七互娱和游心公益基金会分别承载了您的哪些梦想？

李逸飞：作为深度游戏玩家，做中国最好、传承中华文化的游戏，是我和我的合伙人共同的梦想，也是我们不断努力的方向。

游心公益基金会是我的另一项事业，是我们实现社会价值的一种重要方式。尽己所能，为社会贡献绵力，一直是我们的情怀和追求。游心（公益基金会）这几年已经捐了4000多万元，我个人通过一些其他方式和渠道也陆续捐了1300多万元。未来我们还承诺投入更多资金在更多地区开展深度公益。

三七互娱和游心公益基金会有一点是共通的，就是我对脚踏实地做事的要求，也可以说是马拉松精神的体现——不求短期收益，也不追求表面的成绩，而是考虑长远发展和持续的社会贡献，考虑我们工作所带来的深层次社会价值。

问：您创办游心公益基金会8年，总结来看，基金会的价值对您个人、企业和社会而言分别是什么？

李逸飞：首先是对社会的价值，这8年来，我们资助了超过3300名优秀的农村地区高中生，其中已经有800余人完成了高中学业，重点本科院校录取率超过了40%，部分优秀学生还被北京大学、清华大学、中国科学技术大学等国内顶尖学府录取。

我们对学生的资助帮扶，减轻了他们的家庭负担和学生的心理压力，让学生能够集中精力学习。作为辅助支持的“自由阅读”项目、生涯规划发展分享的“职慧召唤”项目、组织到广州游学的“敢于求知”夏令营项目，也让这批学生从中学时代就能有机会开阔眼界，建立逻辑思维和提升思辨能力，树立远大理想，跳出每天反复刷题的应试状态，知道读书是为了什么、读什么书，以及怎么读有价值的书。

对企业来说，我们的公益项目提升了企业的品牌美誉度。我们可以说是A股上市的文娱企业中，在社会公益服务方面比较超前的企业，我们的服务深度、广度、持续时间，我们专业团队的执行能力，以及取得的社会影响力，都受到业内认可。在国家乡村振兴、共同富裕的宏大背景下，对企业来说这些都是很重要的无形资产。

问：游心公益基金会的项目对象是青年学生，您希望给他们带来改变的是什么？

李逸飞：主要还是希望我们资助的高中生、大学生，可以成为习近平总书记所要求的新时代的中国青年，能够拥有更高质量的发展条件、获得更多人生出彩机会、享受更全面的保障支持。

之所以会有这种期望，是因为我和我们的团队一起去过这些相对欠发达的农村、县城，我们看到了这些孩子对改变命运的渴望，他们与城市里的孩子一样，也都渴望活出精彩人生，只是因为地区偏远、发展不均衡，让他们无法获得与城市孩子一样的发展条件。

我们希望三七互娱、游心公益基金会都能成为这样的赋能平台，支持每一个学生实现自己的梦想，并成为有理想、有追求、有人文关怀的社会栋梁。

问：做一家基金会，包括了资金、公益项目、理事会、秘书处团队等诸多方面，您认为最大的挑战是什么？

李逸飞：最大的挑战是作为一家由企业发起的公益基金会，如何将社会公益的追求、企业的可持续发展，进行更有效的融合，实现双赢。

游心公益基金会这几年从资助高中生，延伸出为大学生赋能，又通过产学研方面的探索，与高校携手为社会培养优秀人才，这一过程其实也在建立企业在高校中负责任的品牌形象，有助于促进企业的校招。

例如，从 2021 年 9 月到 2022 年 4 月组织的首届可持续发展高校创新挑战赛，就是把 2030 年联合国可持续发展目标（SDGs）融入传统的技术美术专业大赛中，让计算机软件与美术专业的学生发挥自己的专长，结合可持续发展的若干议题进行深入学习，以 VR（虚拟现实）等软件和美术动漫作品相结合的形式，呈现学生对可持续发展的理解，探寻问题解决方案。

这是一种比较创新的探索。未来如何面向大学生、高中生提供更加贴合他们长远发展需求的公益产品和服务，这个需要我们的团队不断反思，做旧项目的评估与迭代，以及新项目的尝试。

问：您欣赏的企业家和慈善家是谁？为什么？

李逸飞：我非常敬仰的企业家、慈善家是曹德旺先生。

曹先生在商业上的成就有目共睹，他在很多问题上都敢于提出独到见解，只要他认定是利国利民的事业，就不怕被社会误解。

曹先生对人才的培养也有很深刻的见解，他通过自己发起的河仁慈善基金会，出资 100 亿元筹建福耀科技大学，而且很多规划、方向都是亲力亲为，非常有魄力，很值得敬佩。

我从曹先生身上看到的就是长江商学院一直提倡的“商业向善”，商业的价值体现在对商机的把握，社会需求的有效解决，以及由此带来的财富、税收、就业机会等，向善的价值体现在企业用商业逻辑回应社会良性发展的需要，我认为曹先生在这两个方面都非常成功，贡献也非常大。

问：您获得了第七届长江公益奖的“年度公益影响力人物”奖项，作为长江商学院的学员，长江商学院的社会价值和公益教育对您在认知和行动上有哪些影响？

李逸飞：我觉得从社会公益、企业社会责任角度来讲，长江商学院带给我的最大影响莫过于“商业向善”的理念和方法论。

长江商学院提倡要“取势，明道，优术”，我们三七互娱 2021 年度的社会责任报告提出了“弘扬守正之道，共筑美好未来”，二者在一定程度上是不谋而合了。

我觉得在新时代的背景下，我们企业就要坚守正道，这个正道就是商业向善之道，作为中国的企业家要关注国家大势、响应时代趋势，并以此为指导方向，磨炼自己的核心业务与社会责任工作，也就是优术，不仅要让业务持续创造经济价值，更要让业务探索创造社会价值的方式、方法。

所以落实到行动上，就有了我们的“社会价值共创”计划，我们非常愿意与社会各界、同行企业一道，共创美好未来。

问：过去，商学院普遍上一直仅重视经济价值的教育，作为企业家，您是否认为商学院也应该重视社会价值的教育？您如何看待商学院的社会价值？

李逸飞：我觉得长江商学院已经很注重社会价值教育了，能够把商业向善作为必修课，我相信国内能做到的商学院是屈指可数的。而且通过长江商学院的平台，我们联合了长江校友的力量开展社会公益，比如我和一位合伙人目前还在深度参与另一家基金会的工作，即广东校友共同发起的广东省长江公益基金会，那就是一个企业家围绕社会价值开展共创的平台。

未来我觉得可以更好地发挥长江商学院的号召力、影响力，联结更广泛的校友资源，让大家都重视并且都有机会为实现共同富裕贡献出自己的一分力量。

撰文　陈言

魏雪

将科技赋予向善的力量，就会产生温度

魏雪，长江商学院 EMBA 13 期学员，第七届长江公益奖“年度公益影响力人物”获得者，TCL 科技集团股份有限公司副总裁，TCL 公益基金会执行理事长，华萌慈善基金会执行理事长。

问：作为 TCL 公益基金会掌舵人，TCL 公益基金会承载了您的哪些公益梦想？现在实现了多少？

魏雪：教育初心。TCL 科技集团股份有限公司在成立之初便开始在教育公益领域摸索，从 1996 年第一所希望小学“惠东 TCL 中洞希望小学”成立，到 2012 年 TCL 公益基金会成立，我对“教育改变命运”的信念从未动摇。我们不断优化教育帮扶体系，成立“华萌班”，希望借助公益的力量帮助那些品学兼优但因家境困难无法正常上学的高中学生顺利完成学业；通过“TCL 希望工程烛光奖计划”，支持坚守在乡村教育一线的教师，以扶智先强师为核心助力教育领域的精准扶贫。目前，“华萌班”已资助 1183 名高中学生，他们的学习成绩优异，本科录取率达 92%，其中有 1/3 的学生进入了清华、北大、人大、复旦等名校学习；“TCL 希望工程烛光奖计划”帮扶了来自全国 2000 多所乡村学校的 2600 名优秀教师，今年第八届“TCL 希望工程烛光奖计划”的评选还有 400 名乡村教师入选。

科技向善。TCL 是高科技企业，我希望借助企业科技优势为公益

慈善赋能，实现科技向善发展。2019 年我们开发设计了“A.I.（爱）回家”项目，运用 AI（Artificial Intelligence，人工智能）语音技术实现定制声音转化合成，父母将自己的声音上传到“Eagle”故事机或者“Eagle听吧”线上小程序，孩子便可以通过故事机、小程序收听父母用自己的声音录制的故事，实现更多温暖的亲子陪伴。此外，我们还结合 TCL 智能显示技术开发“TCL 智慧教室”，利用光伏科技在乡村学校铺设光伏屋顶、设计“TCL 光伏阳光校园”，这些都是即将落成的“科技 + 公益”创新项目。

文化的丰满。文化领域也是我公益梦想的一个重要组成，中国文化公益相对教育公益还是落后的，需要更多社会力量投入和关注。文化是无国界的，能够打动人心，有强烈的感染力。TCL 有很好的文化资源，我们与中央音乐学院教育基金会联合发起“音乐·梦想·交换”项目，资助了一批优秀的音乐学生进行国际文化交流；今年我们也正在进行“TCL VISION 青年想象力基金”，支持青年放开想象力，打造青年文化符号，推动青年文化发展和价值实现。

问：做公益这些年，您有哪些重要收获？

魏雪：“华萌班”每位学子的变化都给了我很多惊喜，我很开心可以见证他们的成长。我印象最深刻的是云南希望工程大理一中“华萌班”的和敏，她从一个胆小内向的女孩成长为一个充满自信与活力的人，她坚定地面对各种挑战，主导自己的命运，以大理州理科状元的身份考入北京大学计算机科学与技术专业，后直博到中国科学院继续深造；王志强考入清华大学就读土木类专业，如今保研至本校继续攻读水利水电专业，作为本专业的优秀青年代表，他参与了央视《开讲啦》节目；无量山长大的小铭从“华萌班”学会了奉献和责任，2021 年从中国人民大学毕业，他坚持追随自己的梦想，毅然选择参军入伍，成为一名优秀的义务兵。

随着机构项目的影响力越来越大，我们也不断加大资金的投入，设计更多丰富多元化的公益项目，对企业自身内部、外部的影响也在逐步加深。

此外，在坚持公益事业的道路上，有许多志同道合的朋友加入并持续参与公益事业，比如我们华萌慈善基金会理事毛大庆，华萌慈善基金会的理事吕思清、易建联等。

问：TCL 公益基金会经历了哪几个阶段？每个阶段分别都有哪些创新？在您看来，TCL 公益基金会创新的内在逻辑和要求是什么？

魏雪：TCL 公益基金会成立于 2012 年，公益 1.0 阶段从简单的捐款捐物开始。2013 年我们与中国青少年发展基金会发起“TCL 希望工程烛光奖计划”，通过评选奖励优秀的乡村教师，助力乡村教育事业发展。

TCL 公益 2.0 阶段——“授人以渔”。“TCL 希望工程烛光奖计划”通过延伸项目“烛光课堂”乡村教师培训平台，提升乡村教师职业发展技能，帮助长期坚守在乡村地区的教师走进北京、上海等一线城市。2015 年，我们借助 TCL 金融控股集团力量发起“烛光微贷”项目，帮助乡村教师解决在生活上遇到的资金困难，比如家里有人突然得重病住院需要钱、家里有房屋需要维修装修等。通过帮助教师们有效地解决生活问题，让他们在工作岗位上更加安心。2019年开发“A.I.（爱）回家”项目，通过语音合成技术模拟父母的声音讲故事，是“公益+科技”的创新实践。早期我们研发了“Eagle”故事机，工研院研发人员在得到父母朗读文本的音频后进行技术合成，上传至故事机，让AI用父母的声音读故事。2021年，我们与工研院再次联合，利用互联网领域的技术、传播优势，升级打造“Eagle听吧”线上微信小程序，留守儿童的家长们通过手机录音便可实现声音的转化，以更便捷、更有利的方式帮助更多家庭解决陪伴缺失的问题。此外，“A.I.（爱）回家”项目在启动之时便通过在全国乡村学校发放升级版“Eagle故事盒子”、开展线下课堂“Eagle故事会”为乡村教育赋能。截至目前，我们为陕西、山西、广东的留守、流动儿童发放定制化“Eagle”故事机近百台，在全国成立了25所“Eagle故事会”乡村试点学校，发放“Eagle故事盒子”近百个，受益学生超7000人。“A.I.（爱）回家”把AI人工智能技术应用到乡村儿童关怀和教育项目，获评了《新周刊》2022年美好公益大会年度公益项目。

2022年是TCL公益基金会成立的十周年，也是TCL公益3.0阶段的开始，我们正在实验创新自我造血机制，即“社会企业”的概念。以“A.I.（爱）回家”项目为基础，成立一家创业公司，让这个技术向更多人开放，比如出差频繁的商务人士可为孩子录音，爷爷、奶奶也可给孙辈录音。获取的部分利润再捐入公益基金会，继续为留守儿童提供免费服务，以此形成造血自循环，赋予商业逻辑帮助公益事业。“A.I.（爱）回家”项目因为技术公益应用的创新，还入选了哈佛商学院“全球浸入式实践”课程经典合作案例。

问：TCL 公益基金会的项目主要面向乡村教师和学生，这个群体的社会痛点有哪些变化？社会痛点或社会问题的变化是 TCL 公益基金会创新的依据吗？TCL 公益基金会如何将科技优势和社会问题进行有效结合？

魏雪：教师和学生的痛点不一样。这些年国家不断发布相关政策支持乡村教师群体发展，社会也加大了对该群体的关注，教师的待遇发生了很大的改善。但相比于城市，乡村地区的教师收入还是很低的，获得教育能力提升的机会也比较少，缺少对外交流的机会。针对这些问题，我们基金会在项目上也进行了升级和优化，比如“烛光奖”从给予优秀乡村教师奖励支持，到开展培训课堂，让乡村教师走出大山到一线城市交流学习；通过“烛光微贷”给予他们更多生活上的资金帮助和支持。针对教师能力城乡差距越来越大的问题，我们开发设计智慧教室，实现城乡教育互联，减少教育差距。

对于学生来说，最大的困境便是没钱读书，我们便通过奖学金制度帮助优秀的学生完成学业，通过开展夏令营、星课堂、高校游学等活动培养他们的综合素质，帮助他们拓宽视野，塑造梦想。在做“烛光奖”项目的时候，我们发现乡村学校很多学生的父母都不在身边，学习上他们由教师带领，生活上由祖父母或者外祖父母照顾。为了弥补父母陪伴的缺失，“A.I.（爱）回家”项目设计开发“Eagle”故事机和故事盒子，用父母的声音讲故事，实现更多陪伴。通过配套图书资源，学生们可以拓展更多课外文化知识。除了故事机，我们也与中央音乐学院联合发起“小小音乐 +”项目，开发“小雪”音乐机和音乐盒子，通过中外名曲和专业的音乐知识赏析丰富乡村地区的文化素质教育，让音乐素养成为每一个孩子的人生财富。

问：您如何看待 TCL 科技集团股份有限公司与公益基金会之间的关系？

魏雪：TCL 科技集团股份有限公司与公益基金会两者相互依存，但也需保持一定距离。TCL 公益基金会作为非公募基金会，从公司每年发布的年报和企业社会责任报告中可以看到，TCL 公益基金会的捐赠来源主要是 TCL 科技集团股份有限公司以及企业和个人，因此基金会也需要根据企业发展战略来设计相关公益项目，比如在 TCL 科技集团股份有限公司环境治理方面的战略目标下，企业社会责任部门会协助制定相关的碳达峰碳中和规划，基金会的团队则协助推进战略的执行与落地。

从另一方面来说，基金会本身是一个独立法人的机构，有自己的发展宗旨和业务范围，在基金会主要关注的扶贫济困、助学、救灾三大公益领域上，基金会的运作需要保持公益慈善机构的专业度，相对独立、成熟。

问：作为 TCL 科技集团股份有限公司副总裁，您如何理解“科技向善”？

魏雪：科技给人的感觉是冷冰冰的，因为它包含了物理、化学、工程、算法、程序等冷冰冰的符号，把科技赋予向善的力量的时候，就会产生温度，这种温度来自我们科技企业对科技、对善的理解，TCL 希望用科技的力量去创造出充满温度的人间，同时也让受助人感受到科技的强大和科技带来的巨大改变。

科技企业通过承担更多的企业社会责任，能够让自身企业文化更加丰满，对企业文化的建设有良好的促进作用，对员工也有更好的凝聚力；同时，技术在公益领域的应用，一定程度上加速了技术的提升，甚至是商业模式的进步；从另外一个角度来说，则是对受益人的改变，故事机的应用能让留守儿童真切感受到父母的陪伴，“Eagle”为儿童提供了情感上的支持，有效缓解孤独感、负面情绪。这种温暖的陪伴有利于儿童的健康成长，同时在一定程度上提升了父母的养育意识，提高了他们对家庭陪伴的注重意识。

问：作为企业家和慈善家，您认为企业家和企业应当如何更加有效地参与第三次分配和共同富裕的进程？

魏雪：初次分配是通过市场实现的收入；再次分配是政府通过税收、社保、转移支付等手段调节的收入分配。初次分配主要体现效率，再次分配兼顾效率和公平，而第三次分配是通过民间捐赠、慈善事业、志愿者行动等多种社会互助的形式，进行社会财富的再流动，从而促进社会公平。

共同富裕是社会主义思想的核心，TCL 作为本土企业，有责任、有义务参与到国家共同富裕进程中，为社会的繁荣发展作出自己的贡献。

我们企业如何践行共同富裕的理念？

首先，企业通过经营发展，带领员工实现共同富裕。

2021 年，公司营业收入和净利润均取得历史最好成绩，其中整体营收超过 2500 亿元，盈利能力大幅增长。而这一成绩也将惠及 13 万名员工。2021 年 10 月，福布斯发布 2021 全球最佳雇主榜单，共 750 家全球企业上榜，TCL 科技集团股份有限公司居第 273 位。上榜企业代表了全球对其雇主形象、人才发展、社会责任等方面的高度认可。

其次，通过企业可持续的发展，构建生态文明体系，使我们企业经营过程中的利益相关者能够实现共同富裕。

TCL 作为“链主”企业，在构建产业链体系的过程中，带动很多中小企业发展壮大。据有关统计，“链主”企业 1 个岗位可以为产业链创造 3 个岗位。据此计算，拥有 13 万个岗位的 TCL 科技集团股份有限公司可创造近 40 万个岗位。

最后，更好地履行企业社会责任，用企业行为促进社会实现共同富裕。

企业要践行更多的社会公益责任，应更多地将履责着力点跟解决发展不平衡不充分问题的方向相结合。“共同富裕的首要问题是实现教育公平”，在教育方面我们也投入了更多的资源。通过“华萌班”帮助千余名贫困学生，发起“TCL 希望工程烛光奖计划”帮助更多优秀教师扎根农村教育，利用企业技术优势积极探索“科技 + 公益”。2019 年，TCL 公益基金会启动的“A.I.（爱）回家”项目，模拟父母的声音，为缺乏陪伴的留守儿童讲故事，让孩子们健康成长。针对青年人以及科学技术领域的创新我们还发起了“TCL 青年学者计划”“TCL 科技创新基金”，结合企业优势将自身的力量发挥到最大化。

问：您获得了第七届长江公益奖的“年度公益影响力人物”奖项，作为长江商学院的学员，长江商学院的社会价值和公益教育对您在认知和行动上有哪些影响？

魏雪：首先，非常感谢长江（商学院）授予我“年度公益影响力人物”的奖项，很荣幸可以得到学院和校友们的认可；我们说得最多的一句话是“无公益，不长江”，长江（商学院）的公益学时比例是最高的，每一位“长江人”都亲力亲为投入大量的时间和精力做公益，作为师姐我也要作出表率；另外，在校友会的活动上，讨论最多的话题就是“公益”，“如何做好公益”这件事已经融入每个“长江人”的血液里，我和我先生都会经常参与聚会和讨论。

问：过去，商学院普遍上一直仅重视经济价值的教育，作为企业家，您是否认为商学院也应该重视社会价值的教育？您如何看待商学院的社会价值？

魏雪：商学院需要重视社会价值的教育。

首先，我认为经济价值从经济学角度看是不能脱离社会属性的，社会价值在一定程度上是可以用经济指标来衡量的，它们不是矛盾的，而是一个辩证的结合体。比如，同学们交学费来商学院学习，这个过程中学院产生了收益，但同时培养了这么多具有公益理念的社会精英、企业家，未来他们在公益领域的贡献，其社会价值远远高于商学院获得的经济价值。从学生个人角度看，每一个学生交学费不但可以学习知识还可以与这么多优秀的同学交流，这对于个人而言都是教育投资，并且这样的影响是深远的，更具社会属性。

商学院要重注社会价值教育，从长远来看，社会价值的教育更具有可持续性。很多看似只具有社会价值的投资，都会转化为社会、经济价值并存。

由此，我们也应该鼓励更多的社会企业创建。

撰文　陈言

第三章

公益与商业社会创新的融合

徐永光
社会创新五部曲

近年来，越来越多的企业开始在商业利润之外关注社会问题的解决。社会问题不再只是令人畏而生惧的难题，在一些企业看来，既是“有利可图”的机遇，也是实现企业社会价值的窗口。社会企业重新被关注，企业的社会创新成为新的发展方向。

在这一背景下，中国企业如何兼顾商业与公益，如何有效率地将社会创新注入企业血液、最大化地发挥企业的社会价值，特别是企业如何与公益组织创新合作从而互补双赢？南都公益基金会名誉理事长徐永光就这些问题进行了分享。

只有把社会问题的解决变成有利可图的机遇，社会问题才能最终得到解决

问：近年来，您经常提到管理学大师德鲁克的一句话：“只有把社会问题的解决变成有利可图的机遇，社会问题才能最终得到解决。”从公益组织解决社会问题，到企业来解决社会问题，这背后体现了怎样的转变逻辑？

徐永光：从逻辑上讲，公益和商业经常面对同样的问题，比如教育、医疗、养老、环保等问题。公益的价值在于最先发现社会问题，并

进行干预。

而商业讲究可持续的发展模式，商业是要投资赚钱的，如果恰好从事的方向具有社会价值，也是在解决社会问题，并且有机会做大做强。而公益烧钱解决社会问题，往往做不大、走不远。

然而当下人们对公益与商业解决社会问题的认识比较扭曲。假如用公益解决社会问题，烧别人的钱，似乎就显得光荣、伟大、正确和高尚。假如是用商业解决社会问题，烧自己的钱，却经常被道德绑架。

我曾接触过一个“95后”女孩杜心童，她关注到中国一两千万发音困难人群，便发起一个叫“倾音”的公益项目，其覆盖规模与两个专科医院科室相当。这个公益项目之后得到投资，在我的指点下，项目分成了一个公益板块和一个商业板块，互相支撑，做得很不错。

这种从公益起步、用商业方式做大做强的路径，时常被人批判，但有何不可呢？解决同样的社会问题，以商业的、烧自己的钱的方式将社会问题解决得更好，这并没有什么问题。甚至，很多情况下，用商业模式解决社会问题，产出的结果反而在质量和效率上比公益模式更胜一筹。比如南都公益基金会成立时，我们招标资助为农民工子女服务的项目，评选结果的前两名都是商业项目，而对标这个社会问题的公益项目在质量上则差距甚远。

简而言之，公益和商业解决社会问题，一个是烧钱一个是赚钱，一个是烧别人的钱，一个是烧自己的钱。假如作为一个资助方，我会选择资助解决社会问题的商业模式，而不是性价比不高的公益模式。只有把一些社会问题变成有利可图的机遇，这些社会问题才能被更好地解决。

问：如果企业更能解决社会问题，这是否意味着公益组织的优势或能力相对在减弱?

徐永光：公益的价值是永远存在的，公益的价值不应该被削弱，反而应该被提升。非营利机构的职能大体有三个：第一是研究发现社会痛点；第二是实验创新，用创新的手段来解决社会问题；第三是宣导影响，用解决问题的方案来宣导社会、影响政府，倡导更多力量参与。

面对很多社会问题，政府、公益和商业都可以来做，但也许政府投入不够，或商业暂时没有兴趣介入，那么就需要公益介入，发挥自己的价值。在很多社会创新教育方面，比如乡村的音体美教育等，都需要公益机构先行介入，后面可能会有商业跟进，也可能政府受其影响而接手。比如南都公益基金会曾资助过一个叫作“倾听母语”的项目，并帮助其进一步提升，最终达到一定成熟度，随后得到千万影响力投资。

我主张基金会可以采取这样的方式：前期资助一些可能还不够成熟的项目，一旦其成气候了，基金会可以继续与之开展合作。很多社会企业早期可能无法满足接受商业投资的相关标准，这时就需要公益机构发挥资助方的作用。

问：以前主要凭借掌握资源、信息和技术等方面的稀缺，企业实现“有利可图”，现在是否到了依靠解决社会问题来实现“有利可图”的时候?

徐永光：除凭借掌握资源、信息和技术等方面的稀缺外，还有两个稀缺是企业可以把握的。一个稀缺是供求的不平衡。在一些社会领域，需求明显大于供给，这就为社会企业、影响力投资提供宽广的市场空间。目前很多商业领域的竞争几乎是白热化的，社会企业、影响力投资领域因为难做反而竞争并不激烈，大有可为的空间。另一个稀缺是信任的稀缺。社会企业在解决信任缺失方面也具有自己独特的优势，可以弥补信任稀缺，从而有更广阔的发展空间。

当企业将公益理念贯彻并融入生产活动，释放出的社会价值将是巨大的

问：解决社会问题，企业实现社会价值与经济价值的统一，您认为在哪些领域拥有更大的市场和机会？

徐永光：目前食品安全领域、环保领域、养老领域是有较大市场和机会的。民以食为天，这是一个天大的事；环保是一个地大的事；养老是一个命大的事。天大、地大和命大，这些都是特别重大的事项。这些领域难做，所以供需不平衡，需求巨大但供给不足。这便是社会企业、影响力投资应该关注、介入的领域。

比如，之前南都公益基金会的影响力投资基金曾投资一个养鱼的项目——庆渔堂。创办人沈杰是国家物联网基础标准工作组总体组组长，他离开互联网行业后创办智慧养鱼模式。淡水养鱼每年要排废水五次，是很严重的环境污染源。而沈杰利用技术，将两个鱼塘连接起来，中间将水过滤，过滤后的水可以达到三级品质，做到零废水排放，同时被过

滤出来的物质还可以用作肥料。同时，智慧模式也使得鱼的肉质鲜美无害，产量也翻了三倍。这样一个项目兼顾了环保与效益，是环保领域非常有价值的社会创新。其他可有所作为的领域还有养老领域，有一个项目是几个“90后”做的“乐退族”，项目服务全国庞大的退休老人群体。2021年央视重阳节晚会，他们服务的老人登台表演，反响也很大，这也是非常优质的社会创新项目。

问：据您研究观察，近几年社会企业的发展态势和趋势如何？

徐永光：社会企业的发展态势和趋势还是非常向好的。整体发展趋势是注重效率优先、结果导向、模式模糊化。英国文化教育协会曾提出一个新趋势：社会企业的定义和界限会越来越模糊。

问：这几年互联网行业特别强调社会价值，您怎么看互联网企业在社会创新和社会价值方面的优势？

徐永光：与传统商业相比，互联网企业有一个质的区别。传统商业提供物质产品，而互联网企业提供信息产品和信息服务平台。后者天然具有一种共享性，即使看不见摸不着，但一个软件、一个平台可以给多达几亿人共享使用，而且很多时候这种服务是免费的，至少早期是免费的，这种共享性蕴含的便是一种公益性。

比如新冠肺炎疫情防控期间，假如没有这些互联网企业和互联网平台，封城的代价将是难以承受的。2020年3月，美国《时代周刊》将中国的“外卖小哥”选为封面人物，这种对社会价值的捕捉是非常准确的。其实最早从 1999 年中国电商起步开始，2000 年我担任中国互联网大赛组委会主任，给阿里巴巴颁发了中国互联网大赛商务类优秀网站奖。至今这二十多年里，中国互联网服务平台对中国经济发展的贡献，与中国制造业对经济发展的贡献是平分秋色的。

中国制造业大部分是两头在外，为全球供应链供货，而中国互联网企业是真正的内需经济的发展，它对中国经济发展和人民生活质量的改善贡献极大。

除了我们所熟知的互联网企业，像水滴筹这种服务于需要疾病救助的人群的互联网平台，对社会贡献也很大。水滴筹、轻松筹和爱心筹，筹款金额已超过千亿元，而在《中华人民共和国慈善法》规范下的互联网公益募捐平台，5 年才募捐 100 多亿元。

总体而言，中国互联网平台、互联网企业的社会创新为社会贡献很大，所蕴含的社会价值也十分重大。

问：从对解决社会问题和实现社会价值这个角度来看，未来是社会企业更具普遍性，还是企业的社会创新更具普遍性？

徐永光：社会企业将解决社会问题作为企业的使命。社会企业也许是未来商业发展的百年目标，因为商业是要做好事，至少不能作恶，不能让整个社会为商业外溢的负面成本埋单，相反，商业应该给社会带来正面效益。

企业社会创新也可以说是企业的战略公益。相对社会企业，企业社会创新的发展空间会非常大。这意味着企业将公益的追求、企业的社会责任融于企业的生产经营活动和供应链的上下游，是在整个企业的商业活动中渗透公益的理念。如企业注重承担对环境、消费者、政府的责任。比如，阿拉善有一个绿色供应链的理念，那些房地产企业会在意供应链上下游的生产过程是否绿色环保，假如不环保，那么这个供应商可能就上了采购黑名单。

当企业将公益理念全方位贯彻、融入企业的生产活动，那么企业释放出来的社会价值将是巨大的，这也是所有企业都可为的。

问：企业的社会创新和公益组织的社会创新能否有更多的合作与融合？

徐永光：实际上，公益和商业要首先认识到各自的优势和短板。公益的优势可能是在一些社会创新领域发现问题比较早、起步比较早，但受限于资源约束很难做大。商业虽然有很多资源优势，但可能过于自信，小看公益从而花了冤枉钱。

很多企业的公益资源是被浪费掉的。比如，每年的传统节日，很多企业组织员工进养老院服务老人，但这对养老院而言反而是一个负担，甚至企业需要给养老院付钱才能送员工进去开展志愿服务。明明这些企业员工都是拥有专业技能的人才，所从事的公益却只是进养老院做一些生活服务，这种传统的公益方式往往效率不高。

企业完全可以在自己所熟悉的社会领域选择称职的公益伙伴，企业与公益组织开展合作，这样企业的投入有的放矢，也更有效率。而公益组织在说服商业机构与自身合作时，心里想得更多的是“我做得好，怎么不来支持我”，这显然行不通，应该转换心态，看到企业花钱做公益的不足，用自己的优势来帮助企业科学花钱。

简而言之，企业的社会创新和公益组织的社会创新应该融合起来，社会创新可以分为五部曲：公益铺路、商业跟进、规模化扩张、可持续发展和解决社会问题。如此，公益和商业可以打通，互相合作，优势互补，共同来推动社会问题的解决。

社会价值教育一定是全球商学院教育的新方向，而且是刻不容缓的

问：长江商学院提出了“无公益，不长江”，在推动企业社会价值教育方面，探索创新了48小时公益学时、长江公益奖、公益第一课等一系列举措，自2021年起还推出了EMBA“社会创新与商业向善”实践课程，要求每个学员在其企业推行一项商业向善的项目，推动学员实现社会价值。您认为，商学院对企业家学员的社会价值教育可以发挥哪些独特的作用和价值?

徐永光：长江商学院在国内较早开始对学员开展公益、社会创新教育，具有一定的社会价值，也存在可以进一步提升的空间。长江商学院倡导企业家学员做公益，企业家学员做公益的方式一定要与企业的商业模式结合起来。企业家学员可以在商业模式里寻找做公益的机会，将公益的理念嵌入商业消费者、供应链上下游等环节中。

同时，企业家学员要多研究社会问题和社会痛点，挖掘社会的真正需求是什么，探索如何满足社会需求。发现社会问题后，企业家学员需要系统学习如何做公益，将一分钱花出一百块钱的效益，如此做公益更

创新，更有效率，也可以最大化地彰显企业自身的能力。

问：长江商学院除了构建企业社会价值教育，还关注更广阔的社会群体。如为公益组织人才设立了长江公益奖学金等，您如何看待长江商学院为公益行业发展提供的价值？

徐永光：前些年，当时任职于南都公益基金会的刘洲鸿就拿到了长江商学院公益奖学金。长江商学院为公益行业提供这个奖项，非常有价值。这是为公益行业的从业者、领导者提供了一个系统学习商业的机会。对公益人而言，商业是必备课，可以深入改变公益人的思维方式和行为模式，从而提高公益的有效性。

同时，这些公益人士也可以为长江商学院的企业家学员带来关于公益的经验和理念，这有助于拓宽企业家的视野，增加企业家的社会责任意识。总体上来讲，长江公益奖学金将公益人与企业家学员凝聚在一起，是一种互补互益的模式。

问：您认为社会价值教育能否成为全球商学院教育的一个新方向？您如何看待商学院的社会价值？

徐永光：社会价值教育一定是全球商学院教育的新方向，而且是刻不容缓的。商业的目标不仅是赚钱，还应该考虑如何让我们这个社会更加美好，考虑如何提升社会价值。这是每一个企业都需要深入思考的。

撰文　浮琪琪

丘仲辉

公益与商业融合是重大社会创新，重在科学有度

现代公益慈善的发展离不开公益主体的探索与创新。近年来，公益界在公益本业的基础上，借鉴商业的方法和理念来探索有利于公益发展的多元化道路。甚至有公益组织直接创办社会企业，尝试引入商业元素来服务公益以便更好地解决社会问题。同时，企业也在谋求自身发展的基础上，开始着手社会责任、社会价值与社会创新方面的探索，也深刻影响着公益事业的布局与发展。公益与商业之间该如何科学有效地融合与互动，又该遵循哪些不可逾越的边界和原则？江苏省政府参事，第十届、第十一届江苏省政协常委，中国慈善联合会副会长，爱德基金会理事长丘仲辉分享了独特的见解。

问：您一直是社会创新的推动者，推动公益与商业共同解决社会问题，为智力障碍者、困难老年人等群体提供了更多元的解决模式，公益组织创办社会企业，您怎么看这一发展趋势？

丘仲辉：其实公益和商业的融合不是一件新鲜事。我们近代史上有一位重要人物——张謇，他便是从实业开始，进而涉及教育、慈善，最后形成实业、教育与慈善三位一体的事业，其中也是融合了公益与商业。公益与商业的融合是有历史积淀的，是自然而然的。

同样，随着公益机构的发展，公益机构采取一些商业的手段，比如

公益组织创办社会企业，以此来更好地解决社会问题，这也是自然而然的。任何一项事业成长到一定阶段，总会有一些创新与发展。

当然，公益人做企业，毫无疑问会遭受很多质疑。我们认同适度分工，专业的人做专业的事，不能一味地为创新而创新，为跨界而跨界，但人类社会是开放的、多姿多彩的，任何组织都不可能只有一种模式。我们应该抱着给予社会更多发展空间的想法和理念，如此社会创新才能发展起来，社会才能蓬勃兴旺，而不至于是死水一潭。

比如爱德基金会，现在办有面包坊和养老院。面包坊面向“喜憨儿”，养老院面向老年群体。面包坊以食品企业的方式注册，培训“喜憨儿”的慈幼院则是民办非企业，而养老院则既有民办非企业注册，也有企业注册。

我们通过民办非企业或企业的形式，能达到自负盈亏，甚至还略有盈余，这与长期接受捐赠是很不一样的。当然，这些形式也不排斥社会捐赠，比如养老院一方面是自负盈亏、单独核算，另一方面也配套一些公益项目。因为我们不是单纯的养老机构，而是机构养老、社区养老、居家养老相结合，那么就需要大量公益资源的注入。

一方面通过商业的手段，另一方面通过公益资源的注入，这样就能更好地解决社会问题。在条件合适时，公益组织在借用商业手段方面做一些探索，这是非常好的。当然，这不意味着我们要形成一种运动、趋势或潮流，归根结底是用多元的方式来解决社会问题。

社会组织最重要的功能是推动社会发展，那么我们应该鼓励社会组织创新、跨界。因为社会组织规模太小，它探索的成本代价没那么大。因此，倘若公益组织有这样的机会，也不应该放弃，总体原则是要尊重公益组织的需求和能力。

此外，作为公益人，在公益之外从事一些商业活动，有助于提升个体在公益事业上的创新能力。这一点我深有体会，在管理企业的过程中，我发现企业在管理上的一些基本原理也同样适用于公益。因此，公益组织进行商业化探索，一方面帮助其更好地解决社会问题，另一方面可以提升公益人的创新和管理能力。

我们至少应该允许公益组织做各种各样的创新和探索，如此我们的公益事业才能发展得更好。但同时也要注意不能过度商业化，因为我国现代慈善发展时间尚短，公众对公益的认识也不够深入，再夹杂一些名不副实的负面案例，过度商业化往往会引起误解，会对公益带来不利影响。

问：包括爱德基金会在内的公益慈善组织在与企业越来越深度地合作，从过去二三十年来看，企业参与的程度、发挥的作用以及参与的方式有哪些变化？

丘仲辉：爱德基金会与企业合作方面，原来我们主要是依靠海外的支持，自21世纪开始，爱德基金会加大了在国内与各方的合作力度。在合作形式上，这二三十年的一个重要变化是中国互联网公益的迅速发展。爱德基金会是第一批在腾讯募捐平台公开募捐的公益组织。

除此之外，我们也在线下同一些企业开展合作。通常我们之间的合作形式是企业可以针对某个项目进行一般性的捐赠，也可以提出一些企业更具主导性的想法。比如一些企业在不同领域有不同的侧重点，有的企业更偏向环保、体育、医疗卫生等某个领域。我们之间会互相交流沟通，当然，我们之间合作的前提是，一切都要符合公益的原则，也符合我们机构的宗旨与业务范围。

当然，在合作过程中，我们也会与企业在理念上进行深度交流和互动。我们会经常参与企业的讨论会，提出自己的一些想法和建议。整个合作的过程非常具有互动性和参与性，双方的最终目的都是把公益做好。

问：近些年互联网企业纷纷在社会价值创新上投入很大，例如腾讯，公益组织也是受益者，这是否对公益组织提出了更高的要求？

丘仲辉：中国互联网企业在公益、社会价值创新上最大的功劳莫过于推动互联网公益的发展。中国互联网公益的发展也深刻影响了中国公益组织的生存和发展。互联网公益的一个基本特点是公开透明，这与公益组织的做事原则完全没有冲突。爱德基金会始终倡导并践行“始于明行、臻于明慧、达于明道”，最基本的便是“明行”，如果连最基本的行都不明，那谁来给你捐款呢？

公开透明既是中国互联网公益的特点，也是公益组织的生命线、底线。如果一个公益组织连公开透明都做不到，守不住诚信，也不讲信用，那谁还愿意把自己的钱交给公益组织呢？

此外，公益组织也应该做好自我监管。中国互联网企业开发了很多可以应用于公益的工具，比如区块链，这对整个公益组织的管理提出挑战。这些新工具、新技术约束公益组织按流程办事，哪怕公益组织自身不够公开透明，也要被动地满足平台对透明度的要求。

当然，任何事情都要适度，我们也不能唯技术论，因为技术是人发明的，公益组织打交道的对象都是人，那么就要在技术的基础上充分考虑人的特点，在开展互联网公益与服务对象、合作对象打交道时保持人的温度，而不是过度的流程化、程序化和形式化，从而忘掉了公益的内容与本质。

问：企业主要是创造经济价值，现在开始探讨社会价值，您是怎么看这一新思想方向的？

丘仲辉：人的追求与需要是在不断发展变化的。办企业首先是生存，之后才能继续考虑别的需要。改革开放四十多年来，民营企业在经济领域几乎达到半壁江山，他们对社会价值、社会责任与社会创新的考虑是非常重要的。

张謇就是典型的例子。他起初的身份是企业家，创办了很多工厂，当他发现实业无法兴国时，便转向实业与教育并重，随后又以慈善为本，开办了慈善公益领域才有的各种机构，比如博物院、剧院、图书馆、育婴堂、栖流所等。这些都表明张謇不仅是一名企业家，还是一个慈善家。

近代史上的张謇能做到如此，再看我们当下多方力量对公益的参与情况，令人感到惭愧。我希望当下能有更多力量参与公益活动，积极探索慈善公益的发展道路，如此，我们现代公益慈善事业才能得到充分发展。

问：有没有一种可能，企业社会责任与社会价值越来越强化，而让企业都成为一种社会企业？

丘仲辉：如果企业都成为社会企业，并不见得是好事。因为社会企业的定义是非常严格的，而我们经济的发展说到底还是要依靠企业、商业。当然，企业在发展经济的过程中也应该履行社会责任，但承担社会责任的方式有很多种，不见得都要转为社会企业。

问：企业越来越重视社会责任与社会价值，能不能有效解决贫富、公平等社会问题？政府、企业、公益组织在解决这些社会问题上各自应当发挥什么样的作用？

丘仲辉：改革开放后，我们提出三个部门的说法——政府、企业和社会组织。这三者如同三个大圆，我希望这三个大圆可以有更多结合点和相嵌处，这意味着社会能达成一定的共识，从而共同推动美好社会的建设。习近平总书记在党的十九大报告中进一步强调，要“打造新时代共建共治共享的社会治理格局”，那么就一定需要社会多元主体共同参与。毫无疑问，企业是一个重要主体，主要发挥创造社会财富的功能与价值，推动社会经济发展，同时也要注意承担社会责任。

公益组织主要是专业地帮助弱势群体，推动社会公正的组织。政府则要在监管的同时，为社会多方创造更多发展空间，给予社会多元主体更多的可能性来实现社会价值。如此，我们的社会才能更加美好。

值得注意的是，我们虽然希望三个大圆之间有相嵌的部分，能在一些问题上达成共识，但并不意味着三个大圆要完全融合成一个圈，否则三个部门的区别就不存在了。三个部门还是应在有共识的基础上，各自发挥所长，推动社会多元化发展。

问：长江商学院提出了“无公益，不长江”，在推动企业社会价值教育方面，探索创新了48小时公益学时、长江公益奖、公益第一课等一系列举措，自2021年起还推出了EMBA“社会创新与商业向善”实践课程，要求每个学员在其企业推行一项商业向善的项目，推动学员实现社会价值。您认为，商学院对企业家学员的社会价值教育可以发挥哪些独特的作用和价值？此外长江商学院还为公益组织人才设立了长江公益奖学金等，您如何看待长江商学院为公益行业发展提供的价值？

丘仲辉：长江商学院将社会价值融入课程之中，这具有重要的社会意义。尤其是长江商学院还为公益人提供奖学金名额，这可以充分促进商业与公益两个部门间的了解和融合。这种互通性的教育，无论是对商业部门还是对公益部门都是非常有意义的。

不过，凡事重在有度，如果公益与商业融合太多，那么公益也可能变味。但我们也应该促进彼此的沟通、融合，给予两个部分沟通交流、互相影响的空间。

长江商学院的这一创新推动了社会多元发展，也为企业家进行了公益启蒙。公益人也可以从长江商学院的课程中吸纳一些可以借鉴的理念、原理或手段，以应用于公益中。

问：据您看，社会价值教育能否成为全球商学院教育的一个新方向？您如何看待商学院的社会价值？

丘仲辉：商学院在课程中添加关于社会责任、社会价值与社会创新的内容，这在国际上也是通用的，并不是我们国内所独有的。不过，长江商学院面向公益人设置奖学金名额，这点还是挺独特的。商学院能在社会价值方面做更多推动，这是非常重要，也非常具有社会意义的转变。这对公益行业也能带来一些启发，将来公益行业在学习、培训方面也应该引入一些与商业相关的内容，以促进公益事业更好的发展。

撰文　浮琪琪

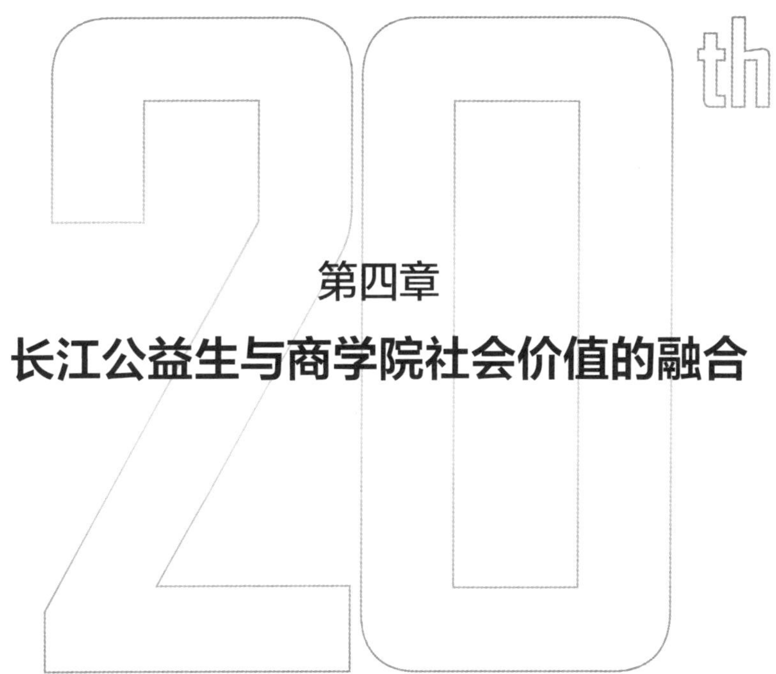

第四章
长江公益生与商学院社会价值的融合

因长江而变
——长江商学院公益生的创新力量

长江商学院自 2002 年创办以来，持续不断地提供公益奖学金支持公益行业领导者深造，公益奖学金已涵盖企业家学者项目、EMBA、MBA 所有学位项目，迄今为止已有近百位公益行业领袖汇入长江商学院，与企业家群体一道，推动社会创新。

长江公益生是长江商学院社会价值的重要组成部分。通过在长江商学院的学习，他们系统地提升了商业思维和商业管理的能力，提升公益的效率和可持续性，在解决社会问题的过程中展现出更开阔的视野、更强大的能力和更优异的成就。同时，他们影响企业家学员更好的为社会创造价值，并将社会价值融入企业的业务模式中。

本章选取三位长江公益生代表，管中窥豹，探索公益行业领导者就读长江商学院之后的个人进阶与其所创造的社会价值。

刘启芳

长江收获继续去帮助更多人的巨大动力

（长江商学院 EMBA 32 期校友、全国道德模范、长春净月高新技术产业开发区精诚社工服务中心理事长）

2013 年，刘启芳放下如日中天的事业，放下北京舒适的生活，带着一岁的女儿远赴吉林，发起“吉心工程”，从此踏上了一段“以一颗心换万颗心”的征程。此后，她克服重重困难，带领一支一千人的志愿者团队，在健康扶贫的道路上积极探索，帮助一万多名心脏病患者重获生命希望，重拾幸福生活。

刘启芳带着女儿，在住满了心脏病患者的吉林心脏病医院五楼角落的病房里，一住就是六年。2018 年，已届学龄的女儿回京上学，她却依然留守吉林，从此和女儿聚少离多。

刘启芳觉得愧对孩子，为了能够在繁忙的工作之余给自己一个“正当的”每个月回到北京的理由，于是考虑继续读书深造。她了解到，长江商学院 EMBA、MBA 以及企业家学者（DBA）项目等所有学位课程全面推出公益奖学金，面向全球非营利组织管理人才开放。刘启芳申请并获得了长江商学院全额“公益奖学金”，入读长江商学院 EMBA 32 期。

公益路上遇到的困难，刘启芳平时很少提及，怕家人担心，怕打击志愿者们的士气，也怕辜负受救助者殷切的期盼。但是她愿意跟长江的同学们倾诉。“我觉得在长江（商学院）不孤独，长江（商学院）的同学们真的懂我。让我惊讶的是，不止我们班的同学，我接触过的每一位长江的校友，都在尽力地通过做公益来履行社会责任。公益精神流淌在每一个‘长江人’的血液中。这句话并不夸张，也是我在长江（商学院）求学最深切的感受。”刘启芳说。

问：每个“长江人”都可能“因长江而变”，您入读长江（商学院）前后发生了哪些变化？

刘启芳：来长江（商学院）之前我曾经担心作为一位拿着全额奖学金的公益生，与长江（商学院）的企业家同学们会不会有距离。但我发现我的担心完全是多余的。在开学后的公益第一课上，我分享了五个投身公益以来对我影响极深的小故事，让我没想到的是，教室里的很多男同学听后都哭了。

我在班级里有极强的归属感，每一位同学都对我的公益项目极有兴趣，而且还会主动为我提供各种帮助。

问：让您印象深刻的是哪一堂课？

刘启芳：朱睿教授和张晓萌教授的课让我触动很深。朱睿教授讲授的是用商业模式做公益，也是我一直以来深入思考的事情。一个好的公

益项目不可以有悖于商业，它更多的是助力商业。借用商业的系统发展公益，杠杆的力量是无穷的。

张晓萌教授讲授的领导力认知、组织激励、团队协作、人才梯队建设等知识是我在领导公益组织工作时候的重要理论参考。

问：如何看待长江商学院所倡导的“无公益，不长江”？

刘启芳：长江商学院的48小时公益学时制度非常好，值得推广！为了修完公益学分，同学们会想尽办法去发掘身边需要帮助的群体，自发地去开发新的公益项目。有的同学就笑称，一开始只是为了学分，结果渐渐发现帮助别人已经变成了学习和生活的一种方式。正是长江商学院的这种引导在潜移默化地改变同学们的思维方式和做事方法。而这些优秀的长江企业家同学们思维的转变可以影响很多人。

问：在长江商学院读书最难忘的一件事？

刘启芳：我被评选为第七届全国道德模范“全国助人为乐模范”之后，很多同学都打电话来祝贺我，他们都像自己得了奖一样激动。他们是我坚实的后盾，永远都那么支持我，鼓励我、在长江商学院收获的友谊和感受到的温暖是我继续去帮助更多人的巨大动力。

问：一句话点评在长江商学院的学习生活。

刘启芳：与具有全球视野的教授们、志趣相投的同学们，为解决社会发展问题而持续地探索创新。

（本文节选自《刘启芳：以一心换万心》）

唐占鑫

用商业思维做公益，传递生命真正价值

（长江商学院 EMBA 32 期学员、北京新起点公益基金会理事长、北京冬奥会和冬残奥会“荣耀之花”制作者、北京市脊髓损伤者希望之家的创办人）

总有人在用自己的故事告诉我们，人类的身体有多脆弱、我们的精神就有多坚强。北京新起点公益基金会理事长、长江商学院 EMBA 32 期学员唐占鑫就是其中极具代表性的一位。

2004 年夏天的一场事故，将唐占鑫的正常生活加速逼近“终点”——唐占鑫在德国获得硕士学位，准备回国的前一天，她不幸遭遇了严重的车祸。当她再醒来时，发现周围一片惨白，她睁不开眼，耳边传来吵闹的仪器声响。当她被推出手术室后，医生对她说的一句话便是：“今后你能站起来的可能性低于 10%。”

唐占鑫尝试了一切能让自己站起来的办法，可是最终都被现实打败。她近乎绝望，甚至想结束自己的生命。直到有一天，父亲抱着她从车上下来时不慎摔倒，父亲将她抱起，眼中满是歉意。从那一刻起，唐占鑫决定改变。她突然意识到自己应该走出去，更多地去接触外面的世界。

因此她通过互联网找到了中国脊髓损伤论坛，小心翼翼地了解与她

有着相似命运的人，也逐渐受到了启发。“很多人和过去的我一样，甚至连上下床和大小便都离不开家人的照顾。”慢慢地，她结识了几个志同道合的伤友，他们想成立一个组织，帮助那些还未从灾难中走出来的人。

就这样，唐占鑫选择了公益的道路。她与朋友一起整理了中国脊髓损伤论坛上数万个伤友的帖子，并翻译了数十万字的外文文献，完成中国第一本《脊髓损伤者生活自助手册》。

此后在公益这条路上，唐占鑫越走越远。

2014 年，她辞掉了工作，成立了北京市首个脊髓损伤者希望之家（原中途之家）。2016 年 9 月又成立了北京新起点公益基金会，唐占鑫担任基金会理事长。

随着公益事业的深入，唐占鑫开始为生存问题担忧。她回忆道：“刚开始做公益的时候觉得特别美好，但是现实问题是，如果我还继续坚持之前的价值理念，机构就活不下去了。”

她坦言说，尽管大家普遍觉得公益是一件很美好的事情，但是社会依旧会用客观的、商业化的价值体系去评估公益项目的价值。比如曾经有人这样问唐占鑫：“假如我给你捐一万块钱，你能产生的回报有多少？”唐占鑫当时很郁闷，她觉得自己做公益是在改变被帮扶者的人生，是高于金钱价值、根本无法用钱衡量的。这个时候，对方又追问：“那这个人生是怎么衡量出来的？你怎么证明你改变了他人的人生？”

这种理想与现实差异曾让她备受打击。但与此同时，唐占鑫也在思考，既然社会和捐赠人的理念大多如此，那自己是不是应该去适应、去学习这种讲求效率、考虑回报率的形式来做公益，而不再是一味付出，只要对方有些许改变就视为成功。

因此，唐占鑫通过长江商学院提供的公益奖学金来到了长江商学院。她说，在两年的学习后，她开始转变自己多年来做公益的思维，逐渐去考虑自己的收益是什么、付出和回报是否对等，希望尝试用有限的资源为社会带来更大的能量。而作为公益领域的引领者，唐占鑫也为长江商学院的同学、校友带来了巨大帮助，通过讲述自己的故事并搭建桥梁，激励更多企业家承担社会责任，实现“强者的有为”。

在长江商学院，唐占鑫接触到了社会创新模式与共益的理念，更是开始意识到，真正可持续发展的公益，不仅要融入商业思维，更要多与政府、企业等各方力量合作，大家各自发挥专长。她慢慢转变了自己多年来做公益的思维，开始去考虑如何用商业的方式可持续地做公益，如何整合多方的资源促进合作，为社会带来更大的能量。

在唐占鑫看来，这次奥运颁奖花束（荣耀之花）的制作就是一个典型的“社会创新”模式，即政府、企业、社会组织共同协作，各自发挥专长，解决社会问题。这其中，恒源祥作为企业方，拥有专业的钩织技术和充足的资源及资金支持；而希望之家的残疾人能充分发挥他们专注和坐得住的优势，既能通过这种方式创造价值，又能获得一定收入；双方合作的前提是以北京市残联为主的政府机构从中组织与协调。这让唐占鑫看到了未来希望之家的文创工作室要怎么发展。“与其自己在这儿摸索，不如跟一个更有社会创新意识的企业合作，我们各取所长，共同把这件事做好。”

面对从一味付出到追求效率的转变，很多公益人会因此经历自我质疑和动摇，但经过了在长江商学院 EMBA 的课程学习，唐占鑫现在显得更加从容坚定。她微笑着告诉我们，因为自己的初心从来没改变。“初心没有变，目标还是那样，只是说通往实现初心的这条道路上，我用的方法不一样了。”

（本文节选自《唐占鑫：用商业思维做公益，传递生命真正价值》）

孙雪梅

通过社会创新，让合作产生化学反应

（长江商学院 EMBA 36 期学员、“女童保护”公益项目发起人、北京众一公益基金会理事长）

世界经济论坛 2022 年度“全球青年领袖”名单公布，有 13 位中国青年上榜，其中就有长江商学院 EMBA 36 期同学孙雪梅。不仅如此，2022 年 3 月，她刚荣获 2021 年度全国三八红旗手。

她是一位媒体人，也是一位公益人。

2013 年 6 月 1 日，孙雪梅与全国百名女记者联合多家媒体单位，共同发起了“女童保护”公益项目，在那之前，多起性侵女童案件被媒体曝光。从一时的热血沸腾“要做些什么”，到从零开始艰难前行，她们认识到男童、女童都可能面临被性侵的风险，防性侵教育推广形势紧迫，更需要用专业知识去做。

听起来简单的儿童防性侵课程，包含了很多需要注意的细节。如果漏掉或者讲错其中的小细节，反而可能给孩子带来心理伤害，甚至导致生命危险。“女童保护”的教案都是经过严格打磨的，比如儿童版教案，已经进行了 50 多次的修改，100 分制，志愿者要达到 90 分才能通过。

2015 年至 2018 年 11 月，全国法院审结的猥亵儿童案件就有 11519

件。“这些数据是冷冰冰的。但我一想到数字背后的每一个孩子，他们惊恐害怕又不知道找谁说，不知道怎么去维权去求助……一想到这些孩子人生轨迹的改变，我就觉得特别揪心。”孙雪梅说。

她希望社会各界都能意识到，防性侵教育是一门很专业的学科，必须严肃对待；并且预防性侵和防火、防溺水一样，都需要在日常生活中对孩子进行科普和教育。

她带领“女童保护”开发了针对儿童、家长、讲师以及青春期孩子的课程，首先深入乡村一线进行防性侵授课，进而将授课推广至全国31个省份，参与推动法律和制度、政策层面的变革。

曾有一位小学女生听完“女童保护”的课，才意识到自己遭遇了性侵害。她勇敢地告诉了家长，性侵者很快被警方抓获，而后学校邀请“女童保护”再去给几百名家长上课。也有很多孩子利用所学的知识成功地保护了自己。这些都是孙雪梅前行的动力。

推动解决儿童性侵问题需要社会各方合力，这是一条艰难的路，“道路很漫长，但并肩而行的路途上，每个坚守‘目标’的人都可以成为改变世界的目标守卫者。世界在变好，因为你我的坚守。”孙雪梅说。

截至2022年3月底，“女童保护”团队与地方妇联、教育部合作，已在全国31个省份面向逾610万名儿童、70万名家长开设防性侵课程。与此同时，孙雪梅还连续9年组织举办“女童保护”全国两会代表委员座谈会，并连续发布《性侵儿童案例统计及儿童防性侵教育调查报告》，推动两会委员、部委官员、儿童保护专家等参与相关议题的讨论与建议，参与法律和制度完善。

“至少要让这一代孩子不再重现上一代人完全没有性教育的人生。”孙雪梅说。

当然，这仍是一个漫长的过程。孙雪梅很认同长江商学院在社会创新上的主张。“无论是政府，还是企业、社会组织，都有各自的定位、擅长与局限。要推动解决一个社会问题，必须多方通力合作，这并不是单纯能力上的 1+1=2，而是通过社会创新，让合作产生化学反应，发挥出 1+1 远大于 2 的效果。”

谈到获得长江公益奖学金入读长江商学院，孙雪梅说：“如果按收入，公益人入读长江商学院几乎不可能，所以长江公益奖学金最直接的帮助就是解决学费问题，以此搭建了公益行业领导者与企业家交流的平台，互相学习，彼此滋养。”而对于公益生与企业家在一起的碰撞交流，孙雪梅认为：“来长江商学院学习后，除了课堂上的知识汲取，我还经常和同学、校友们在一起活动，耳濡目染，受到很多商业思维的熏陶，更加注重效率，更加注重人和机构的全局发展。对于机构来说，除了筹款有增长之外，更多的是管理方面的启发。”

2020 年 12 月，长江商学院 EMBA 36 期张小柔等 40 余位同期校友共同发起“微光者行动”公益项目，旨在为品学兼优的困境学生捐赠助学金及其他必需经费，帮助他们完成学业，关爱他们成长。2021 年 3 月 2 日，“微光者行动”专项基金宣布正式成立，设立在北京众一公益基金会下。截至 2021 年 5 月底，该行动联动 36 期 8 个班的校友参与，捐赠逾 400 万元人民币。

孙雪梅校友从协助“微光者行动”项目发起到成立专项基金，解决了合法性问题，并协助拟订专项基金架构、未来规划和具体项目实施方案，考虑可持续发展。

“公益是公约数，有凝聚力。这些年，公益已融入“长江人”的基因，学员们、校友们在追求商业精进之外，也把公益当成了生活必备，在践行公益过程中收获价值感和认同感。现在，校友们组织集体活动时，如果少了公益环节，总觉得缺了点儿什么，这就是‘无公益，不长江’的体现。”孙雪梅说。

（本文节选自《〈社区英雄〉讲述“女童保护”孙雪梅的故事》）

附录

长江公益奖学金获得者所在机构

（包括但不限于，排名不分先后）

中国乡村发展基金会

中国发展研究基金会

中国红十字会

中国红十字基金会

中华少年儿童慈善救助基金会

中华慈善总会圆梦基金

中华社会救助基金会大爱清尘基金

爱德基金会

阿拉善 SEE 生态协会

宝贝回家志愿者协会

北京爱的分贝公益基金会

北京病痛挑战公益基金会

北京红丹丹教育文化交流中心

北京市美疆助学基金会

北京新阳光慈善基金会

北京市西部阳光农村发展基金会

北京新起点公益基金会

北京众一公益基金会

长春净月高新技术产业开发区精诚社工服务中心

大自然保护协会

广东省长江公益基金会

广东和的慈善基金会

广东省担当者行动教育发展中心

广东省国强公益基金会

《公益时报》社

冠军基金

联合国开发计划署

联合国基金会

全球联合之路

海南成美慈善基金会

湖北卓尔公益基金会

蓝天救援队

南都公益基金会

内蒙古老牛慈善基金会

友成企业家扶贫基金会

黑暗中对话服务中心

上海弘毅生态保护基金会

上海宋庆龄基金会

上海杨浦区雷励青年公益发展中心

上海艺途公益基金会

上海真爱梦想公益基金会

深圳市为蓝低碳发展促进中心

深圳龙越慈善基金会

深圳国际公益学院

深圳市慈善会

深圳市德义爱心促进会

深圳市恩派非营利组织发展中心

深圳市妇女儿童发展基金会

深圳市红树林湿地保护基金会（红树林基金会）

深圳市古村之友古村落保护与发展促进中心

深圳市社会公益基金会

深圳市社会工作者协会

深圳市温馨社工服务中心

深圳市途梦教育公益事业发展中心

深圳市中国慈展会发展中心

深圳壹基金公益基金会

世界自然基金会（WWF）北京代表处

桃花源生态保护基金会

腾讯基金会

传化慈善基金会

浙江敦和慈善基金会

浙江省马云公益基金会

浙江省新华爱心教育基金会

第五章

年度长江公益项目

草方格公益项目

以一见方的种植，守护莫高窟

“气候干燥，沙土漫天”，这是区洁对甘肃戈壁滩的最初印象。作为长江商学院 EMBA 19 期的学员，区洁在 2012 年首次参加“玄奘之路商学院戈壁挑战赛”。也是这次经历让她一个地道的南方人第一次体会到缺水的困扰，干燥的气候也让她感到不适应。热爱户外运动的她加入长江商学院后，从初识沙漠徒步到热爱上戈壁，这一路走了 10 年。

在参加戈壁挑战赛的 10 年中，区洁对这片土地的公益项目也有了自己的了解与认知。2020 年 10 月，她与“戈友”们共同发起“共植草方格，固沙护敦煌”的公益项目。实际上，草方格种植并非一个新的环保公益项目，敦煌研究院文化弘扬部已开展多年。不过，长江商学院校友们的参与，可以让这个项目能更好地开展下去，通过“戈友”们的口

· 参加“戈十五”的长江商学院校友

口相传，可以让更多人了解固沙的重要性。

10 年戈壁公益之路

“无公益，不长江”这句话对每一位长江商学院的校友来说并不陌生。商学院要求每位学员在毕业前需要完成 48 小时的公益学时，公益课程自然也是必修课。最初，许多校友们“带着任务而做公益”，并不能全然理解公益背后的奥义。后来，在越来越多老校友的带领和倡导之下，学员们便不再为了公益学时而去参与公益。慢慢地，校友们对公益有了更深刻的理解。

这样的转变也发生在长江商学院的“戈友”们身上。

2012 年，区洁作为新学员参与“第七届玄奘之路商学院戈壁挑战赛”（以下简称“戈七”），与其他校友一起徒步戈壁，挑战戈壁的艰险，并陆续参与了许多公益项目。那一年，区洁第一次到达戈壁挑战赛的起点——甘肃省瓜州县，那里离敦煌很近，也是 1300 多年前玄奘西行求法的必经之路。

“第一次见到鸣沙山感到非常震撼。但当地的自然条件确实不好，缺水，气候干燥。当时连一个像样的宾馆都没有。”区洁感叹道。作为每年都参与戈壁挑战赛的“戈友”，区洁也见证了戈壁滩边小城镇瓜州县的飞速发展。十年过去，当地的基础设施建设得越来越好。

长江商学院的戈壁公益项目与戈壁挑战赛分不开。2012 年，“戈七”

校友参加戈壁挑战赛，在比赛结束后，他们望着茫茫的戈壁滩，打心底想为这片沙漠做点实实在在的事情。之后，“戈七”校友自愿捐资 30 多万元，委托当地的护林大队在戈壁滩上种了杨树、枸杞树和梭梭树。校友们给这片沙漠绿洲取名为知行林，寓意长江校友“知行合一”的精神。如今，知行林早已郁郁葱葱。

戈壁滩上的公益旋风一发不可收。2012 年之后，每年的戈壁挑战赛，“戈友”们都会将新的“公益玩法”带到戈壁滩。

2014 年，“戈九”如期举行。这一次，长江“戈友”们关注到了瓜州县银河新村。2006 年，银河新村村民从甘肃东部的贫困山区搬迁至此。从山区到沙漠，本就靠天吃饭的村民面对这样的转变，生活更是难上加难。加之银河新村地处沙漠边缘，自然条件恶劣，超过四成的村民人均年收入在 2300 元以下。

作为贫困村，最难的便是水源问题，“戈九”长江校友们思考再三，决定先解决村民的用水困难。在与当地政府确定合作后，“戈九”校友仅用了几小时就筹集到善款 42 万元，并全部用于水渠的修建。4 个月后，长达 20.2 千米的水渠建成，解决了当地土地灌溉的问题。

后来，“戈十”“戈十一”的校友发起“善果·枸杞”项目，利用当地盛产枸杞的自然条件，“戈友”们参与枸杞产品外包装的设计，寻找销路，超过 10000 千克的枸杞陆续销往全国各地，帮助村民提高收入。“戈十三”时，长江“戈友”们又发起了“微笑 1+1”的教育助学公益项目。

戈壁挑战赛年年举办，而“戈友”们在戈壁公益之路上也不断成长。2019年，区洁担任长江高远户外俱乐部的副会长，该俱乐部承担了戈壁挑战赛的赛事举办工作。从那时候起，她开始更深入地参与和组织戈壁挑战赛。从参与者到组织者，她更多地思考着商学院戈壁挑战赛的意义：除了能够让更多长江“戈友”领略戈壁风光，接受极限挑战，我们还能为戈壁做些什么？区洁不断地问自己。

共植草方格，守护莫高窟

在过往的戈壁挑战赛期间，区洁与“戈友”们有幸多次深入敦煌莫高窟参观。近距离见证了莫高窟被流沙逐渐侵蚀的过程。大家意识到，文物保护刻不容缓。

区洁不禁思考，每年都有数以万计的游客和徒步爱好者参观敦煌莫高窟，这是否会影响文物保护。在与当地的固沙工作人员交谈过程中，她第一次知道了“草方格固沙”技术。

20世纪60年代，沙漠上的老一辈固沙人发明了草方格固沙法，借此减缓沙漠移动速度，这也是中国首创的固沙方式。草方格固沙就是将草扎堆形成一个正方形格子固定在沙坑中，这样的摆放方式不仅可以防止沙土流动，还可以固定水源。在草方格形成后，当地的固沙护林员会在格子周围撒满植被种子，天气湿润的时节，种子就有望成长为大树。如若在成长过程中小树枯萎，也可以在腐烂后成为野生肥料作用于其他的植被。如果能够在沙漠上形成大面积的草方格种植，就能在很大程度上遏制土地荒漠化，形成沙漠绿洲。

敦煌莫高窟是我国第一批全国重点文物保护单位，现有洞窟735个、壁画4.5万平方米、泥质彩塑2415尊，是世界上现存规模最大、内容最丰富的佛教艺术地，是世界文化遗产之一。但莫高窟因地处库姆塔格沙漠的东南缘，长期遭受风沙的威胁和侵袭。

在当地西北、东北及西南风作用下，莫高窟壁画、彩塑、洞窟围岩、窟前遗址等长期受到风蚀、积沙和风沙尘的严重侵害。如果没有恰当得力的保护措施，莫高窟很快将会被流沙完全掩埋。

在莫高窟西面几千米处，高达170余米的巨型沙丘一直在向莫高窟移动。早在20世纪20年代，沙粒已经进入洞窟。20世纪30年代，敦煌石窟最底层洞窟大部分已被埋在沙中。

自1944年起，敦煌艺术研究所把防沙、清沙工作列入石窟保护、修缮重点工程项目，先后清理了300多个下层洞窟的积沙，在窟顶崖面修筑挡沙墙、开挖输沙沟、扎设防沙栅栏等。

在区洁看来，如果草方格种植能够有效抑制沙漠化，那也能够间接延缓莫高窟文物被侵蚀的速度。她坦言，“我们每年参与戈壁挑战赛，参与人数往往超过三百，对当地环境也会有影响。所以我就想去做一些弥补”。这便是“共植草方格，固沙护敦煌”长江公益项目设立之初的想法。

多年来，北京戈友公益基金会与敦煌研究院以及当地政府合作，一直坚持开展共植草方格的公益项目。区洁与长江商学院“戈十五”的校友们被这个项目所打动。于是，共植草方格项目便成为长江校友参与的第一个保护敦煌自然环境的公益项目。很快，这个项目也获得了长江商学院学校层面的支持。2020 年的“99 公益日”，“共植草方格，固沙护敦煌”公益项目在腾讯公益平台上线。区洁认为，这种线上的活动让长江校友们更好地参与进来，同时也解决了收款问题，校友们捐赠的款项直接进入北京戈友公益基金会，专款用于共植草方格项目。

共植草方格项目首次上线筹款目标为 30 万元，在上线第一天，长江校友筹措的资金就超过了 23 万元。这让区洁感觉非常欣喜，但却并不意外。对于长江校友来说，“无公益，不长江”的理念早已根植于心。每年参与商学院戈壁挑战赛的校友对于沙漠化问题的严峻性都有切身的体会。项目上线之前，区洁在班级中向大家介绍草方格种植对沙漠的重要性，“许多同学都有体会，表示一定会支持”。就这样，2020 年 9 月 11 日，项目上线不足两天便达到了预期筹款金额。

参与线上捐赠后，每位校友还会收到画着一朵小红花的捐赠证书。区洁认为，这对于捐赠者来说是一种鼓励和感谢。

2020 年 10 月 3 日，区洁和长江商学院的“戈友”们再一次踏上戈壁挑战赛的征程。到达终点以后，“戈友”们两两结对种植一块草方格，也将守护莫高窟的心愿种植于此。“戈友”们在沙漠中用草方格种植的形式种下了长江商学院的 Logo，并在 Logo 前合影留念。这些珍贵的回忆也让区洁有了将这个项目坚持下去的决心。她坦言，更多的草方格种植工作都交给了当地的固沙护林员。“‘戈友’们象征性地种下草方格，这样的方式则让参与者能够感受到固沙护林的不容易。”

· 长江商学院校友一起参加草方格种植

2020 年后，草方格种植成为长江商学院戈壁挑战赛后的常规活动，“戈友”们可以自愿参与。李斌作为长江商学院校友，参加了“戈十六”，并担任 C 队队长。2021 年 4 月 25 日，李斌在新一届校友中发起共植草方格项目筹款，目标为 25 万元。不到 5 个小时，项目筹款就达到了预定目标。“共植草方格，固沙护敦煌”公益项目 2020 年用了约 36 个小时达到预期目标，2021 年仅用了 4 个多小时就完成了目标筹款数额。2021 年，区洁担任“戈十六”公益大使，“戈十五”和“戈十六”两届长江“戈友”在共建爱心绿洲、呵护莫高窟千年经典传奇的过程中实现了爱心接力。

李斌对草方格种植的艰辛深有体会。他回忆，每年戈壁挑战赛草方格种植在上午 9 点开始，徒步的距离大约为 4 千米。“4 千米”的距离如果在城市中驾车并非难事，但在沙漠中徒步却要花上 1 个多小时。到达草方格种植的指定区域后，当地的固沙护林员要用工具铲挖 1 个 1 平方米的沙坑，然后才能将事先制作好的草方格固定在沙坑中。据李斌描述，当地的固沙护林员通常都顶着烈日作业。一块草方格种植完成至少要花 40 分钟。

李斌感慨，“我们每年只去一次，但这些固沙护林员则是常年坚守在沙漠。他们才是值得‘戈友’们敬佩的人”。

· 长江商学院校友共同见证所支持的草方格

区洁介绍，一块草方格的造价在 15 元左右。截至 2022 年，长江商学院的“戈友”们已捐赠 67 万元，大约可以种植 45000 平方米的草方格。“戈友”们深知，对于茫茫的大沙漠来说，45000 平方米微不足道，共植草方格项目的持续开展才能够真正帮助敦煌固沙，守住莫高窟。

长江“戈友”们的公益心

从帮助戈壁滩上的村民脱贫，到以实际行动守护莫高窟，10 年间，长江商学院“戈友”们的公益善举一届又一届地传承下来。长江“戈友”们对于公益的认知也在逐渐提高。在李斌看来，2017 年年初进入长江商学院学习后，“无公益，不长江”就是挂在嘴边的一句口号。然而，学习公益课程时老师的不断教导以及做公益后所获得的成就感都让他认识到，这不再是一句口号。

“进入长江商学院学习的，都是企业的创始人或者领导，学好公益这一课对于企业更好地承担社会责任很重要。对我来说，我也会把自己做公益的体会带回企业，让员工也感受到公益氛围。”李斌有感而发。

如今，李斌担任长江商学院北京校友会的副秘书长。他也在校友会中推动对蓝天公益救援队的捐赠。公益对于李斌来说，已经是生活的一部分。说到这里，李斌不由得提及不断发展的共植草方格项目。作为最早加入共植草方格项目的商学院，长江“戈友”们的善举也影响了其他商学院的同学。“我们也希望有更多人能够参与这个项目，‘戈友’们在参加比赛、挑战自我的过程中也能够参与公益，感受固沙的不易。”李斌说道，共植草方格项目是长江公益发展史上一个全新的起点。

2020年参与共植草方格项目后，区洁越发感到“戈友”们参与环保公益项目的热情。更让区洁感动的是，当地的固沙护林员对于“戈友”们的参与十分欢迎，“他们常常给我们普及草方格的种植方法，总希望我们能够持续地参与下去。固沙护林员非常热爱自己的工作”。

· 越来越多的长江商学院校友参与共植草方格项目

区洁作为最早参与该项目的长江“戈友”，对于项目接下来的发展也有一些规划。在不断参与公益的过程中，区洁也积累了一些经验和方法，她希望能够联合一些技术公司开发小程序。在小程序中，“戈友”们可以在线上参与草方格种植，积累一定数量后能够获得奖章。同时，“戈友”们在线上参与的过程中也能实时看到自己参与的共植草方格项目的进展情况。“我觉得可以通过这样的方式让‘戈友’们更方便地参与进来，项目的进展能够随时呈现。这对于项目的开展是有利的。”区洁计划着。

区洁还有一些更为领先的想法——商业向善是她一直关注的话题。近年来，国家提出在2030年实现碳达峰，2060年实现碳中和。在区洁看来，长江商学院的校友们应该起到表率作用，从企业日常的节能减排做起。如果能够在未来的碳交易市场中，促使企业更好地控制碳排放，也不失为造福全人类的事情。

“我想我们还是应该从小事做起，比如种植一个个扎实的草方格。”区洁说。

对话长江EMBA 19期学员、第十二届戈壁挑战赛长江A队队员、第十六及第十七届戈壁挑战赛公益大使　区洁

问：您最初是怎么关注到共植草方格项目的？为什么希望长江“戈友”们参与进来？

区洁：自2012年开始，我就一直参与“玄奘之路商学院戈壁挑战赛”。对沙漠的环境从不适应到熟悉，也感受到沙漠化对当地的居民有很大影响。我是南方人，本来对于缺水这件事没有太多的感触，但是到了沙漠才真正认识到缺水对当地人的影响有多大。之前在电影《新龙门客栈》中看到沙漠时觉得很震撼，但当我自己踏入沙漠之后，才能感受到人在沙漠里有多渺小。

“戈友”们在与敦煌莫高窟当地文物保护人员的交流中发现，因为莫高窟文物是裸露在空气中的，加之受沙漠化影响很深，许多彩色的雕像每年都在以肉眼可见的速度被风化。

我当时就在想，“戈友”们年年都来，我们能不能做一些对莫高窟有帮助、有意义的事情。后来，通过敦煌研究院我们了解到由北京戈友公益援助基金会发起的草方格种植项目。我觉得长江“戈友”们也可以参与进来，就把想法和学校方面沟通了。学校很快就同意了，给予了很大的支持。我就联合几位同学一起宣讲，号召“戈友”们能够亲身参与。到 2022 年，我们已经有 800 多名“戈友”参与草方格种植项目。

问：在沙漠中种植草方格，这是一种什么体验？

区洁：过程是很辛苦的，但也很有成就感。一块草方格大约是一平方米的面积。其实，在我们种植之前，就有固沙护林员帮我们挖好沙坑。我们通常几人合作，在草方格四周钉下钉子，然后将草方格放进沙坑中固定好。接下来，固沙护林员会定期给种植好的草方格浇水。慢慢成活后，这些格子就能够在沙土里根植下来，这样就能够起到防风固沙的作用。

问：您参与公益这么多年，后来又带头在学院中设立草方格种植的公益项目，您觉得自己在心态上有什么变化？

区洁：最初对于公益的认知还是比较浅显的，感觉就是捐钱、捐物。以前也参与过助学的项目，但其实这当中的参与感不强。后来，我们把戈壁挑战赛和共植草方格种植项目结合在一起。对我们这些每年参与的“戈友”来说，就是很好的体验。通过亲身体会，确实能够感受到想把一个公益项目做好、做长久并不容易。

另外，我觉得做公益发心特别重要，因为钱不是万能的。比如说，莫高窟在不断被侵蚀的过程中，人类可能很难阻挡其最终消失。但我觉得，我们尽力去做，坚持做好才是重要的。而且，“戈友”们参与共植草方格项目，有了亲身经历之后，等第二年再开展项目时，他们很自觉地就参与了。

对话长江商学院校友理事、长江商学院高远户外俱乐部副会长、EMBA 30 期校友 李斌

问：最初到敦煌莫高窟，第一次看到沙漠，您有什么样的感受？

李斌：我参与戈壁挑战赛有好几年了。当我第一次看到敦煌莫高窟的时候觉得非常震撼，被这些文物所吸引。长年的风沙侵蚀，让这些宝贵的文物有了很明显的损坏痕迹。现在当地的文物保护人员正在兢兢业业地保护着这些莫高窟的文物。

其实，沙漠的气候条件非常不好，每年挑战赛我们都要很早出发，全程顶着大太阳，并且要赶在中午前回到县城。虽然全程只有三四千米，但是要徒步到终点并不容易。通常，大家还没到终点就已经大汗淋漓，体力不支了。可是见到固沙护林员都是长年累月在沙漠里工作，让我非常钦佩。

问：共植草方格项目开展的时间不长，在参与过程中，您有什么感受？

李斌：首先，沙漠的面积非常大。这个项目并非开展一两年就能见到成效，确实需要长江“戈友”长期坚持下去。其次，我觉得欣慰的是，由于长江校友的参与，影响并带动了其他商学院“戈友”的鼎力支持，比如说复旦大学、厦门大学等院校的商学院校友的参与。从长远角度来看，这件事情意义深远，大家一起往前推动。

问：进入长江商学院学习之后，对“无公益，不长江”有了怎样的理解？

李斌：我们一直讲“无公益，不长江”。虽然我们是以商业管理课程为主，但是在上公益课程时，老师都会特别强调公益慈善的内涵。而且，我们经常参与学院组织的公益活动，这不仅增进了同学之间的友谊，还有很重要的一点，就是加深了我们对社会责任感的认知和理解。许多同学都是企业管理者，也深知取之社会，更要回报社会。长江校友手中的社会资源比较丰富，希望可以把这些资源带到公益中来，影响更多人，让更多的人受益！

撰文　吴可言

案例点评

草方格作为一种经大面积实践验证的防风固沙、涵养水分的治理沙漠化手段，被广泛应用在我国西部沙漠化地区的治沙事业当中，并取得了显著成效。在这个案例中，一项技术和一群人的“化学反应”，相当值得关注。

第五章

年度长江公益项目

每年广受关注的戈壁挑战赛，让商学院的学员们有机会感受我国大西北的广袤。在完成越野挑战、取得战队成果的路途中，长江商学院“戈友”们洞察到了当地沙漠化问题和附近莫高窟面临的威胁之间的关联性，随后发起的共植草方格项目兼具了生态保护和文化保护双重价值。作为一个公益项目，能够直面真实问题，又有多重影响，难能可贵。

在项目推进的过程中，团队通过有效传播和动员，让更多人感受到草方格与长江商学院以及戈壁挑战赛在价值观和理念层面的契合度，不仅捐赠资金，更投入了感情和心力，让更多人（包括其他商学院学员）开始真正关注和支持当地的治沙事业，实现了接力与传承。同时，这个过程也在反向塑造长江商学院和“戈友”们的公益文化，让这样的文化更具生态与人文色彩。

直面真问题，持续发挥价值，塑造公益文化。希望这样的项目持续发展、不断优化，守护家园、守护人心。

张伯驹（北京市银杏公益基金会秘书长）

“苔花开”乡村美育教师成长计划：一个灵魂唤醒另一个灵魂

“苔花开”乡村儿童美育计划由广东省长江公益基金会和长江商学院广东校友企业家于2016年发起，项目聚焦农村教育的核心薄弱环节，坚持“造血”目标，逐步形成围绕乡村儿童美育教育提升的四个系列项目，包括“乡村校长领航、乡村美育教师成长、乡村美育教研培力、乡村美育活动支持”，透过系统化支持，全方位推动乡村小学美育教育发展，使农村儿童获得平等的美育教育机会和资源，促进其全面发展。

乡村美育教师成长计划是“苔花开”乡村儿童美育计划的核心项目，创新师资培训模式，联合各级教育部门、当地政府、高校以及社会各界资源，建立系统化的课程体系，帮助乡村小学培养音美兼课教师队伍，助力政府在短期内有效解决农村音美师资普遍短缺问题。截至2022年3月，项目已为广东省内10个地市的53个镇共850所学校，培养了2000多名音美教师。

一棵树摇动另一棵树：琴江畔的歌声

“天上的星星 / 一眨一眨亮晶晶 / 我许下的愿望就像一颗水晶

心中的小梦想 / 一天一天在成长 / 天赐我一双翅膀 / 我会看到那最美的光”

2022年5月，在广东省梅州市五华县安流镇学少小学的一节音乐课上，学生们一边合唱《最美的光》，一边双眼紧盯兼课音乐教师李琼娣的手势，学生们的双手有节奏地挥动着，时而化作翅膀，时而交叠向上，身体也跟着摇晃起来，响亮的歌声在教室里回荡；时而双手合十，像在搭建各自的愿望，头微微一侧，闭上眼睛静静歌唱。

“一棵树摇动另一棵树，一朵云推动另一朵云，一个灵魂唤醒另一个灵魂。”这句广为流传的教育名言被认为是德国哲学家雅斯贝尔斯所言，出自其著作《什么是教育》，虽经考证，这一“金句”为后人受其启发后进行的提炼和升华，但其中关于教育本质的阐述，从某种程度上来说，与“苔花开”乡村儿童美育计划的愿景相符。

出了教室步行一段距离就到了琴江畔的安流沿江公园，这便是学少小学大多数孩子们心中的“出远门”和可以接触到的“远方”，这还是在这条河平静的时候。更多时候，当暴雨或汛期来临时，琴江水位持续上涨，常有超警戒水位洪水。孩子们上课的教室里，黑板报上经常写着“预防溺水　生命无价”的警示语。

地处粤东的五华县远离梅州城区，经济落后，交通不便，在完成脱贫攻坚任务之前，曾有92个省定贫困村。紧挨琴江的学少小学，距离县城30千米，距离梅州城区则有100千米。去往县城的大巴车，有时一个小时也等不到一趟，这是当地人的亲身体会。

两年前，“苔花开”项目的到来，像是一道光，不仅照在了这些孩子身上，也照在了李琼娣这样的乡村教师身上。

2020 年 10 月 17 日，迎着中央下发《关于全面加强和改进新时代学校美育工作的意见》的春风，“苔花开”乡村音美教师培训项目在梅州五华安流镇正式落地启动，截至目前，项目已在当地举办两期培训班，为当地培养了 144 位音美兼课教师，惠及了 49 所学校约 1.1 万名学生。而在这之前，全镇仅有专职音乐教师 2 名、美术教师 1 名，远远无法满足当地学生日益迫切的音美教育需求。

· 安流镇中心小学“苔花开”乡村美育教师成长计划开班仪式

李琼娣 2004 年来到学少小学任教，教语文科目，2010 年通过考试由民办代课教师转为正式教师。原本中专毕业，学会计专业的她在 40 岁这一年，也就是 2016 年，拿到了国家开放大学汉语言文学专业的函授本科学位。

李琼娣自己的孩子已经考上了大学。所以，现在每到周六，她便有时间带着一个 9 岁、一个 12 岁的外甥来到镇上的中心小学参加“苔花开”音美教师培训。“我觉得老师讲得那么好，想让他们也去旁听一下。”

这样的机会太难得了，培训的教室里总是坐满了人。来自梅州五华高级中学的音乐导师甘巧娣记得，有年纪比较大的教师带着孙女一起来上课，还有教师带着邻居家孩子来的。许多教师“拖家带口”来上课，甘巧娣不会因为教学任务增加而感到疲惫，反而有一种感动，甚至当她经过教学楼下看到有小朋友在玩耍时，也叫他们进来一起听课。

有一次，甘巧娣准备上一门有地域特色的客家山歌教学课，当地的教育部门对此很感兴趣，提前发了通知，除了原本参训的 30 多名教师，还吸引了周边乡镇 20 多个教师来观摩，最远的有 60 多千米以外的。上课时，甘巧娣看到学生们在窗户上趴着围观，于是便邀请他们加入课堂，到了下课的时间点，学生们都舍不得离开教室。

课堂上，甘巧娣感动于有些从来没有正规上过音乐课的 50 多岁、快到退休年龄的教师也能来观摩学习，他们端正地坐着，像重新当一回

·“苔花开”乡村美育教师成长计划——音乐教师培训课堂

学生一样认真学习那些最基本的乐理知识。课堂外，来上课的乡村教师们总买一些地方特产让甘巧娣带回去，“这些老师真的是好可爱，令人很感动”。

像大多数参训的教师一样，李琼娣此前几乎是零基础，只是在初中时学过一点，现在也全忘了。李琼娣感慨道：“自己这也不会，那也不会，但是老师非常有耐心，总是鼓励我们。”从 Do、Re、Me、Fa 慢慢学起，从认识音符，到学习如何打节拍，再到学习形体律动，从歌唱的基本训练，到慢慢学习竖笛、口风琴，再到课堂教学设计的实践。

2021 年 8 月的广州之行，让李琼娣看到了一个更大的世界，这是“苔花开”项目为已经参训的乡村美育教师提供的关于教学教研能力提升的研修学习机会。导师有广东省教育研究院音乐教研员杨健等。用李琼娣的话说，“都是大师级别的”。

李琼娣也把她看到的世界带给了班上的孩子们。在乡间的教室里，学生们跟着静谧的《春江花月夜》古筝曲律动，兰花指的姿势像流淌出的旋律一样曼妙，也跟着皇后乐队的《We will rock you》在课桌上打出动感有力的节拍，齐整的起落声和歌声同频回荡，这些曾经常常会害羞脸红的乡村孩子此刻是这样无拘自在。

一朵云推动另一朵云：将热爱重新唤醒

来自汕头市潮南区井都镇诗家小学的美术兼课老师郑巧卿同样参加了这次广州学习之行。这是她第二次去广州，上次还是 2008 年。参加完培训，郑巧卿把上课的课件资料打成压缩包，激动地发给了校长，“我挖到了一个宝库，您要收藏好”。

1981年出生的郑巧卿已有21年的教龄。主要担任语文科目教学的她，从潮阳师范学校毕业后，还参加了中山大学汉语言文学专业自学考试及韩山师范学院汉语言文学专业函授学习，2010年被评为小学语文高级教师。

但对于兼任美术课程，郑巧卿坦言，在参加“苔花开”项目之前，在很多方面，她常常感到找不到志同道合的人。早年间在中师读书时，郑巧卿就很热爱书法和美术，自己的作品也曾参加校园的艺术节展。但后来由于工作和家庭的原因，这些兴趣爱好一度停了下来。

“苔花开”项目的到来，将她心中的这份热爱重新唤醒。

2020年10月，“苔花开”项目落地井都镇，开展为期一年的乡村教师美育教育系统性集中培训。这一年里，每周六郑巧卿都早早地去培训的教室占位置，不是第一排就是第二排。她除了专心记笔记，还用手机将教课老师课上讲的内容拍下，“手机内存都占得差不多了”。

2021年8月，第二届“苔花开”乡村儿童美育成果展在广州举办，33个“苔花开”项目镇共提交美术作品1400件、音乐作品62件，遴选出优秀美术作品300件，优秀音乐作品34件。在“苔花开”项目美术导师陈沛捷的指导下，郑巧卿班上学生的作品一共有9件入选。

· 郑巧卿指导的学生作品《月晚湖面的舟》，入选第二届“苔花开”乡村儿童美育成果展

在完成儿童作品征集提交后，陈沛捷又鼓励郑巧卿整理教案材料参加评选。最后，她设计的教案《自己做镇纸》入选了优秀教案集。在教案中，郑巧卿鼓励学生利用身边随处可见的材料进行美术创作，海边长大的孩子们对石头再熟悉不过，学生们在捡来的石头上尽情发挥想象力进行彩绘，椭圆形的七星瓢虫，三角形的西瓜，石头加贴纸完成的长颈鹿……最终的成品令郑巧卿和陈沛捷都感到惊喜，这些作品中的一部分还入选了第二届“苔花开”乡村儿童美育成果展优秀作品。

“如果不是陈老师的鼓励、指导和支持帮助，我想我未必能那么积极主动地去置办颜料、平头笔、水粉纸等，也就没有孩子们那富有创意的作品，也就没有我的优秀教案。”

郑巧卿常常感念这些因“苔花开”结识并给她启迪的老师，除了导师陈沛捷，还有在广州参加培训时授课的老师们，包括知名画家、国家义务教育艺术课标修订专家组核心成员、特级教师房尚昆，美术书法名师邹官民等。

“我关注了邹官民老师的名师工作室公众号，我加了房尚昆老师的微信。”课堂之外，郑巧卿也会去网上搜索这些老师的资料，她不仅被他们的作品折服，也对他们的人生成长经历感兴趣。当得知某位名师和她一样，也是先读了中专，后来又升本科慢慢成长起来时，她有了方向。

参与项目的三年多，美术导师陈沛捷和许多老师都保持着联系，也培养了很好的感情，有时候，陈沛捷在心里面觉得这些乡村教师也是自己的老师，“我有时候会换位思考一下，如果我在乡村小学会不会想走，在这样的环境中是否能待得住。所以我希望社会给予乡村老师更多的关怀和帮助”。

一个灵魂唤醒另一个灵魂：课堂上的眼泪

几年前，当刚刚毕业的“90 后”英语专业师范生陈凤丽选择回到家乡成为一名乡村教师时，可能也思考过和陈沛捷一样的问题。

如今她已经有着 7 年教龄，先后在罗定市罗平镇新光小学和营下小学教语文课和英语课，同时兼授音乐课和美术课。

· 陈凤丽老师把音乐带进语文课堂

罗平镇有29所小学，近7000名学生，仅有3名音乐专职教师，2名美术专职教师。由于音美教师资源的匮乏，镇上的乡村小学几乎无法开设常规的音美课程，有些孩子甚至连基础的美术用品和音乐乐器都没有见过。

2018年，“苔花开”项目来到了罗平镇，通过“系统性培训＋集体备课＋督查评课＋奖教机制＋支持文化活动”的复合型支持模式，为全镇所有小学培养合格的音美兼课教师。

在培训的过程中，之前连节拍都不会的陈凤丽慢慢学会了口风琴，她在自己的班里带领孩子们组成了一支10人的口风琴乐队，家长也很支持。2019年“六一”儿童节，这支乐队还参加了学校的文艺演出。

回想起刚刚参加工作时的经历，陈凤丽不止一次地哽咽道：“每一次说起来我都会忍不住流眼泪。”班上的大部分学生是留守儿童，父母在外务工，很多时候家长会也只能在晚上开。有的学生的情况是，爷爷白天做完杂工，晚上8点拿着手电筒来学校开家长会，也有的学生是四五年级的哥哥姐姐替大人来参加。

有一次在课堂上，陈凤丽让学生听着音乐进行“冥想”，学生们闭上眼睛，海浪的声音回荡在教室里。当他们再睁开眼，泪水就掉下来了。“回忆起父母带着他们去海边玩的情景，当音乐停下来，睁开眼睛，他们看不到爸爸妈妈了。”还有一次，陈凤丽以一首《父亲》引导孩子们给爸爸写一封信。当这首歌的旋律响起时，孩子们的眼泪夺眶而出。

陈凤丽还接手过一个成绩比较差的高年级班级，那时刚好临近元

· 乡村孩子听了《父亲》的歌曲后，写下给爸爸的一封信。

旦，她便邀请学生表演节目。有学生起哄，“我们不表演，去操场上看就行了，有表演得难看的，我们就上去打他们”。

就是这样棘手的班级，最后在陈凤丽的带动下，在元旦活动上合唱了一首家乡特色歌曲《罗定在哪里》，还拿了第一名。这之后，这个班级的月考成绩由原来的全镇倒数变成了前三。暑假的时候，也是这群学生，偷偷买了水果和蛋糕来看望陈凤丽，曾经“调皮捣蛋”的孩子们，乖巧地依偎在她的身边拍照合影留念。

“有的小孩打架，其实是缺乏关爱，不够自信，渴望得到老师的关注。而音乐是打开心灵的一把钥匙，这种情感的抚慰是可以伴随孩子一生的。”对于这些乡村留守儿童而言，在需要陪伴与关怀的成长阶段，陈凤丽用音乐和爱温暖着他们。

罗定市教育局党组成员彭家福感动于乡村教师的敬业好学，“有的老师在农村小学，一个星期要上接近 30 节课，在这么繁重的工作任务之下，积极参与培训并将学到的内容用于教学，非常值得敬佩，”他也充满期待地介绍，“苔花开”的到来，让他看到了乡村美育教育的希望，“希望这个项目可以得到更深入的推广，惠及更多的学校和学生”。

“苔花如米小，也学牡丹开”

“苔花如米小，也学牡丹开”出自清代诗人袁枚所作的《苔》。诗人在园中遍植花草，偶然发现生长于阴暗潮湿之处的苔藓，虽然花如米粒般细小，朴素至极，没有光彩夺目的外表，生长在太阳照不到的地方，但也要学花中之王——牡丹那样绽放，凭自身的力量开花结果。

美育教育如何点亮如苔花般微小的乡村孩子？

1903 年，国学大师王国维发表的《论教育之宗旨》一文中就已提到“美育”即“情育”：美育德育与智育之必要，人人知之……独美之为物，使人忘一己之利害而入高尚纯洁之域，此最纯粹之快乐也。在王国维看来，美育、德育与智育三者并行，“而得渐达真善美之理想，又加以身体之训练，斯得为完全之人物，而教育之能事毕矣”。

20 世纪的另外一位大师蔡元培先生也曾大力倡导美育。1917 年，蔡元培发表了一篇非常有名的演讲《以美育代宗教说》，强调美育是一种重要的世界观教育，可以陶养人的感情，“纯粹之美育，所以陶养吾人之感情，使有高尚纯洁之习惯”。

纵观中国的美育教育百年嬗变，自 1904 年清政府颁布实施《奏定学堂章程》，规定中小学堂开设艺术课程，到蔡元培将“美育”纳入教育方针，再到特定历史时期对美育教育认识不足，伴随着社会变迁和教育政策的起落，中国的美育教育一直在政策变迁中起伏跌宕。

2020 年，中共中央办公厅、国务院办公厅印发《关于全面加强和改进新时代学校美育工作的意见》，肯定了学校美育在人的精神建设上的价值，拓展了美育内涵及育人功能，强化了美育融合理念及学校美育体系建设，提出了改进美育教学的更高目标及推动美育评价改革的要求。

而美育对于乡村学校的学生，更多了许多特别的意义。广东省长江公益基金会秘书长贺彩霞多年参与“苔花开”项目，在各地乡村小学调研走访。通过观察，她认为从某种程度上来说，美育教育对于乡村孩子来讲更加重要，因为在很多地区这样的教育是极为缺失的。

“这个问题不去解决，它会影响一代又一代的孩子。在中国广袤的乡村里，有这么多鲜活的小生命，我们应该为他们提供更高质量的教育，提升他们的获得感、幸福感，提升他们的创新力和创造力。无论对孩子的个人发展，还是对他的家庭而言，甚至对于我们国家的发展都会产生长远的影响。”贺彩霞感悟道。

授人以鱼，不如授人以渔——用商业思维做公益

在孵化“苔花开”项目的过程中，长江商学院 EMBA 10 期校友、广东省长江公益基金会理事长王泽瑶和其他的长江校友们一直在持续探索，在不同地域进行几种模式的试点，从实践中总结分析每种模式的优缺点，以寻找最能满足现阶段农村美育教育需求的路径。

2016年，项目在汕头市司马浦镇小学开展驻校支教和本校师资的软实力同步提升试点工作。2017年，为期一年的“音体美教育提升计划”在司马浦镇进行试点，培养在地乡村音体美教师。此外，在粤北韶关、清远等地区的贫困村小学进行音美远程支教。2018年，在清远连南瑶族地区，项目委托高校美育师生团多以月度到校支教的形式开展一对一教师培养。此外，支持“双百计划”社工站在汕尾和潮州试点，建设以乡村儿童青少年为主要服务对象的“苔花开”社区美育空间。

· 广东长江企业家校友们出席汕头市司马浦镇音体美教育提升计划总结会

2016年，“苔花开”乡村儿童美育计划开始多模式探索，在总结比较几种试点模式的基础上，逐步重点推广实施“苔花开”乡村教师成长计划，推动乡村儿童美育教育可复制、可持续开展。

为什么最终选择重点实施“苔花开”乡村美育教师成长计划呢？

“授人以鱼，不如授人以渔。这种模式投入是最少的，产出却是最大的。我们培训教师，他们再传授给一届又一届的学生，相当于是一次性投入，持续性产出。”王泽瑶认为，“苔花开”乡村美育教师成长计划的模式从商业思维和投资管理的角度来看，实现了社会价值最大化，是有最优投入产出比的模式。

长江商学院 EMBA 26 期校友、广东长江公益创始主席向阳有着类似的想法，“按照商业的逻辑，投资的每一分钱，最终在这些孩子身上能产生什么样的效果，这是我关心的。美育教育可以开启孩子们的心灵，是会伴随孩子们一辈子的”。在向阳看来，“苔花开”项目在投入产出最大化上已经做到了极致。

在其他几种试点模式中，王泽瑶发现，要实现可持续、可复制地推广，存在一定的限制。比如在推动乡村教育发展中常见的支教模式，支教教师到学校以后，本校的教师会对其产生一定的依赖性，对自身的进步影响有限。而“互联网 +”模式下的远程教育试点只能覆盖一小部分的学校和学生，也无法满足音美课程所需的强互动性要求。社区美育空间的试点探索同样面临覆盖面不够广，活动开展不定期、不够系统的问题。

“地方最欢迎的就是支教，你派老师来帮我们上课，我把课排好，也不用去考虑太多，这就简单了，对吧？像我们这样系统化地去做项目，非常复杂，难度很高。但是如果没有人去创新，怎么可能推动问题的解决呢？”王泽瑶认为，基于“长江人”的特殊基因，应该迎难而上，去解决更难的社会问题，为祖国的教育事业做一些贡献。

用商业的思维做公益，体现的正是广东省长江公益基金会的使命——“凝聚商业智慧，绽放美好生命”。正如长江商学院 EMBA 12 期校友、广东长江公益创始主席蔡晓东所坚信的，“一个人可以走得很快，一群人可以走得更远”。在蔡晓东看来，企业家们发挥集体智慧的力量，最终是为了帮助受助对象在未来更有勇气、更有力量地走向社会，在为社会作出更多贡献的同时，个人的生命价值也得以体现。

2021 年长江广东校友会公益委员会理事赋能活动暨理事会换届会议合照

心系桑梓　反哺家乡——长江校友的助力

在王泽瑶理事长和其他长江校友的感召下，越来越多的校友开始参与、支持“苔花开”项目。长江商学院 EMBA 35 期校友、广东长江公益主席团成员周创便是其中之一。

2022 年 3 月，在周创理事的积极引荐和爱心支持下，“苔花开”汕头市潮阳区乡村儿童美育全域提升计划启动，这也是“苔花开”项目首次在区县全域范围内进行的重要探索，将在全区 13 个镇（街道）252 所公办小学开展校长领航计划美育专项培训，1000 多名音美兼课教师接受系统性音美教学能力实践式培养，260 多名音美专职教师接受专项提升培训。

· 周创校友支持的“苔花开”汕头市潮阳区乡村儿童美育全域提升计划签约仪式

潮阳区副区长郑映微充满期待地称这是潮阳区教育事业发展中“雪中送炭”的教育民生工程。潮阳区教师发展中心副主任罗健华则发出这样的感慨：“‘苔花开’项目的到来，把潮阳教育系统对美育的关注提前了十年。”

周创的家乡在汕头市潮阳区河溪镇中田村，像众多外出打拼的潮汕人一样，周创有着浓郁的土地情结，十分关心家乡一点一滴的变化，并愿意为家乡的发展作出贡献。

在周创眼中，家乡潮汕一直是个重视教育的地方，秉信“知识改变命运”，从“给仔千金，不如教仔字音”“卖田卖地，缴囝学识字”“积钱不如教仔”等潮汕俗谚就可见一斑。在潮汕地区，企业家回乡捐建学校的事迹不胜枚举。

“校园都修得很漂亮，有的企业家一捐赠就是几百万元，硬件条件已经很好了，像我们村的学校，再过不久就又要重建了。”但同时周创也注意到，在家乡，像“苔花开”这种长期关注提升教育软实力的项目并不多见。

2021 年年底，在长江广东校友会公益委员会理事赋能活动暨理事会换届会议上，当听到王泽瑶理事长对“苔花开”项目的深入介绍后，周创深受触动，“这个项目我也去了解了，做得比较扎实，我比较认可，就参与进来了”。

起初，周创计划将项目引荐至家乡乡镇，随着他对“苔花开”项目有更深入的了解后，决定推动项目向更大范围覆盖，“希望整个潮阳区的乡村美育教育都能发展起来，所以决定整个项目的钱我来出，投入了 500 万元对全区进行支持”。

签约仪式举办的同期，近 20 位长江商学院广东企业家一同回访了广东长江集体公益起源地沟美小学，并走访调研了汕头潮南区、潮阳区多所乡村小学，了解偏远地区农村学校的美育发展情况，以及“苔花开”项目在支持乡村美育上取得的成果。

· 2022 年长江商学院广东校友企业家重访沟美小学

在潮南区井都镇诗家小学，企业家们参观了学校举办的小型书画展。向阳校友感叹，“没想到孩子们的作品会那么优秀。我认为人的创造力和想象力是无限的，‘苔花开’不仅为教师打开了另外一扇窗，对于很多留守儿童而言，还埋下了爱的种子，并不断发芽”。

长江商学院 EMBA 25 期校友、广东长江公益联席主席、副理事长胡宇航同样感受到了“苔花开”给乡村学生带来的意义，“书画展虽然是在一个很小的教室办的，但做得非常专业，当这些小学生给我们介绍作品的时候，比如他如何书写这个字，他画的这幅画有什么寓意，能让大家感受到他们那种全身心投入的热爱”。

诗家小学的美术兼课教师郑巧卿记得很多企业家都过来跟她握手，“感到非常温暖，他们远道而来，说明大家对乡村美育教育非常重视，因为只有共同的初心才会走到一起”。

· 蔡晓东校友代表广东省长江公益基金会与广东省教育厅签订战略合作协议

几年来，不断有校友及理事参与“苔花开”项目的各项工作，支持项目的发展与成长，充分体现了长江校友企业家们的社会担当。广东省长江公益基金会一直倡导及推动长江校友企业家践行“出钱、出力、出心、出席”的“四出”精神，基金会成立以来，一共有300多名校友参与了公益事业，累计有3000多人次践行了“四出”。

多层次支持体系　专业化运作

几年来，“苔花开”项目模式的探索实施在试点地市教育部门的积极协作下逐渐显现效果。项目专家、广州社会组织研究院执行院长胡小军总结道：“长江公益基金会建立了现代慈善组织的治理机制、决策模式和专业化的秘书处团队，理事们的参与度很高，作用发挥充分，保证了基金会的专业化、持续性运作。”同时，胡小军指出，“苔花开”项目的影响力日益增强，得到了政府、学校等的积极肯定和认可。

2019 年 4 月 26 日，广东省教育厅中小学校美育工作现场交流活动在广东省清远市连南县举行。长江商学院广东校友蔡晓东、黄挺、王泽瑶、张天培等代表受邀出席，王泽瑶校友在会上做了“苔花开”乡村儿童美育项目经验报告，蔡晓东校友代表广东省长江公益基金会与广东省教育厅签署《支持全省农村学校美育改革发展意向书》。

蔡晓东在活动上发表感言：“长江广东校友会及公益委员会一起走进清远连南，参加全省教育系统的美育工作会议，与省教育厅签订合作协议，这对于广东省长江公益基金会来说是第一次，也是对我们公益委员会所做的工作的充分肯定，同时也给予我们很大的鼓舞。”

2022 年 6 月，中共广东省委办公厅、广东省人民政府办公厅印发《广东省全面加强和改进新时代学校美育工作行动方案》(以下简称《方案》)。《方案》指出，要推进乡村学校美育高质量发展，建立乡村学校美育帮扶机制，加强美育师资队伍建设。在组织领导和经费保障上，鼓励和引导社会资金支持学校美育发展。

如今，在战略协议签署三年之际，蔡晓东校友感叹，通过和省级教育主管部门合作协议的签订，带动了全省各个地级市积极申报“苔花开”项目。同时，项目和各地教育部门的协作也更加顺畅、紧密，项目实施的过程及质量也得到了更好的保障。另外，省教育厅对项目的认可和重视，也让长江校友们对项目的可持续发展更有信心，“这三年来，我们也看到从校友层面，无论是资金的投入还是其他方面的支持都在逐年增加”。

除了各级政府的支持，“苔花开”项目的长足发展也依赖社会各界资源力量的联动支持。中华儿慈会和深圳社会发展基金会为项目提供了公众筹款平台；广东省内 11 所大专院校组织各自院校的音乐和美术教师担任项目导师，为项目点量身定制培训计划并亲自实施培训课程，各种社会资源的汇集，帮助“苔花开”项目成长壮大。正如长江商学院 EMBA 17 期校友、广东省长江公益基金会理事黄挺校友所言，“‘苔花开’项目是社会各种力量的互相推动、合作，非常值得大力推广。随着项目的发展，它会迭代出更有建设性的模式，我非常看好”。

在各方的专业支持下，项目发展也更加专业化。为了编好“苔花开”乡村教师音美培训教材，广东省长江公益基金会于 2020 年委托华南师范大学专业团队针对乡村音美教师的培训需求进行前期调研，形成《“苔花开”乡村小学音乐 / 美术教师培训需求评估研究报告》。在此基础上，项目组于 2021 年委托华南师范大学和广东省教育研究院的专家团队，编写了《“苔花开”乡村小学美术 / 音乐教师培训教材》及《“苔花开”乡村音乐 / 美术兼课教师教案集》。两套教材于 2022 年正式启用，推动项目走向更加专业化的新台阶。

“苔花开”项目专家、华南师范大学副教授、美术培训教材编写人华年介绍，项目的发展亟须一份规范化的培训教材，特别是针对美术教育基础薄弱、缺乏专业美术教师的学校师资开展培训，以符合乡村美术教育的教学需求。而音乐教材的编写主要由阳江市音乐教研员梁秋莉老师带领着阳江市音乐骨干教师在实践了一年的“苔花开”乡村美育教师成长计划基础上完成。为了编好教材，项目组还组织编写人员召开了专题研讨会，经过三次修改审核后举办了教材论证交流会。会后，项目组根据专家、学员的意见对教材进行定稿。

·“苔花开”乡村音美教师培训教材论证交流会

三尺讲台之外　一片更广阔的天空

长江商学院 EMBA 21 期校友、广东长江公益联席主席、副理事长张天培，从 2014 年开始深度参与汕头司马浦镇沟美小学的“提升农村教育质量示范项目”，每月一次从广州驱车到汕头亲自督导、支持项目的开展。2017 年开始他又投身“苔花开”项目的研发和推进，一直关注着乡村教育以及乡村教师的发展。

通过各地乡村小学的走访调研，张天培观察到，乡村教师是一个非常渴望成长、得到改变的群体。“这些老师的生活看起来比较简单，甚至可以讲是相对清贫，其实内心有很多想法，但往往没有很好的条件或机会。”在张天培看来，“苔花开”项目带给一所乡村小学的变化，首先是从教师的变化开始的，“从一开始比较迷茫的眼神，随着慢慢参与

·“苔花开”培训的乡村美术教师带领学生们到户外上写生课

项目以后，他们的眼睛开始逐渐发亮，激发出很多很好的、很具体的想法。其实人都是需要被激发的，不仅是孩子需要被激发，乡村教师群体更需要被激发”。

同样长期关注乡村教师群体的广东省长江公益基金会秘书长贺彩霞发现，当“苔花开”项目落地后，很多乡村教师身上出现了非常大的变化，“他们长期在相对闭塞的环境中按部就班地教学，生活日复一日，个人职业发展相对停滞，当他们的音乐和美术的兴趣被唤醒并运用到课堂上的时候，得到了孩子们那么热情的回应和反馈，这些教师也找到了更多的职业价值”。

2019 年 12 月至 2020 年 3 月，广东省长江公益基金会委托华南师范大学哲学与社会发展学院课题组展开“广东省长江公益基金会‘苔花开’乡村儿童美育项目成效评估研究”。课题组对 11 所项目镇乡村小学展开调查，向参训教师发放调查问卷 277 份，并访谈了 21 位教师。

研究报告指出，在教师层面，“苔花开”项目实施后，欠缺音美专业教育背景的兼职教师除了接触到音美学科基础知识和更新教育理念，通过开展音美课程的教育，教师们在自我成长中找到了价值，同时通过“苔花开”的培训项目，形成了学习共同体，获得了来自亲朋好友的支持和鼓励，实现了共同成长。

“苔花开”项目专家、华南师范大学社会心理专家刘学勇和课题组同事们长期参与“苔花开”项目成效的多维评估工作，他发现，最近两三年来，项目从专注提升兼课音美教师的技术赋能过渡到教师整体性成

·“苔花开”乡村美育教师成长计划——美术参训教师展示作品

长，注意到教师既要学习音美专业技能和教育教学方法，也需要提升美育意识，提升发展资源动员和整合能力、对接基金会及其他社会力量的能力。他同时指出，对于教师来说，期待他们通过项目以提升美育水平，使学生受益，还希望教师自身能够从项目中受益，“有能力突破地域、学校和身份等负向因素的限制，在乡村教育的舞台上，体验到教育使命感、价值感、成就感，从而更有自信、更有动力、更有意识地做音美教师”。

从2019年开始，“苔花开”项目导师、揭阳职业技术学院教师陈沛捷已经参与了五个项目镇的教师成长计划培训。对于这些乡村教师的成长，他感慨万千。“乡村里面有很多像郑老师这样的优秀教师，他们散落在全国各地，大多默默无闻，但是只要我们给予更多的关注，他们就像一颗得到浇灌的种子一样，就能在平凡的岗位上生根发芽，开出漂亮的花朵。”

2021年，长江公益“苔花开”乡村儿童美育计划参加由民政部主办的中国公益慈善项目大赛获全国30强。同年，“苔花开”乡村美育教师成长计划荣获第七届长江公益奖“年度长江公益项目奖”；4位“苔花开”项目乡村教师参加首届“许钦松乡村美术教育奖”评选，1人获得“银奖”、3人获得“优秀奖”。

三尺讲台之外，一片更广阔的天空正向这些乡村教师敞开。期待乡村美育教育如苔花般向阳绽放，迎来更加美好的明天。

对话长江商学院EMBA 25期校友、广东长江公益联席主席、副理事长　胡宇航

问：请您分享一下在“苔花开”项目乡村小学调研走访中印象深刻的经历。乡村美育教育为孩子们带来了哪些影响？您在这方面有哪些思考？

胡宇航：在汕头市潮南区井都镇诗家小学的书画展上，有好几个学生的作品让我印象很深，比如说有学生画姐姐，画父母和身边的人，画他们生活的环境，周围的风景，比如说日落、鱼塘、大海等。乡村并不缺乏美，重要的是要培养孩子们发现周围美的能力。从认识美、体验美、感受美、欣赏美到最后创造美的过程，也是培养孩子们创造力和想象力的过程。

问：请您介绍一下“苔花开”项目今年的工作重点及未来有哪些公益展望？

胡宇航：今年和明年的工作重点都会围绕乡村儿童美育教育提升的

四大核心项目模式继续进行优化探索。以前我们是以镇和乡村为单位实施，未来通过县域全覆盖的模式，如汕头潮阳区的全域提升计划，做更广泛的社会资源整合，总结经验和运作模式，在重点地市推动实施。同时，可能的话，未来我们也计划向国内其他地区布局推动，惠及更多的乡村儿童。

问：企业家践行公益实践中常常面临的问题有哪些？如在“苔花开”项目中，广东省长江公益基金会是如何致力于解决这些问题的？

胡宇航：解决问题首先还是要先找出问题的根源，当我们在粤东西北地区乡村小学走访的时候，发现美育教师资源非常缺乏，这就是乡村美育教育的一个薄弱环节。所以“苔花开”项目希望能够从这里找到切入点，培养一批在地乡村音美教师队伍。

问：广东长江公益六年来发动校友集体力量做公益，请您分享一下对集体公益理念的思考。

胡宇航：首先回到定位，广东省长江公益基金会的发起人和执行人都是长江商学院的企业家群体，企业家的商业特性中最重要的一点就是要创造价值，我们做公益要提供最有价值的公益服务或公益产品，发动企业家发挥商业智慧，带动更多的热心企业和个人加入公益队伍，这也就是广东省长江公益基金会的使命——“凝聚商业智慧，绽放美好生命”。

问：请分享一下您对发展型公益理念的思考。

胡宇航：第一，发展型公益重点关注人的成长，而不仅是捐钱、捐物；我们做公益项目，要思考怎么从根源上解决问题，而不是停留在问题表面。第二，一定要看能不能产生持续的影响力，比如说“苔花开”项目，我认为具有十年甚至数十年的影响力。第三，能否整合社会资源的多层次联动支持，从政府到高校、到企业家们的支持。第四，要看能否体现出公益效率，像做企业一样，是要看投入产出比的，钱是不是花在了刀刃上，是不是可以形成支点去撬动更多的价值。

撰文　武晓慧

案例点评

看到这个项目，让我想起著名电影《放牛班的春天》里仁慈的音乐教师马修，他用音乐唤醒学生的良知，用艺术唤醒学生的审美，也唤醒了他们对生活的热爱和渴望。每个人的大脑都是星辰大海，有 860 亿个神经元。音乐疗愈，激发人的无限畅想，焕活身心。传统的乡村教育扶贫项目大多采用捐建希望小学、捐款捐物等模式。“苔花开”乡村美育教师成长计划是通过对乡村美育教师的培养，用一个灵魂唤醒另一个灵魂，为孩子们打开美的世界，引导和重构孩子们的认知，拓宽了孩子们生命的维度，从而从根本上改变他们对生活的认知，塑造更好的人生品格。

项目实施六年多来，王泽瑶理事长及其他长江校友们一直积极探索，用商业思维和投资管理的方法，以及发展型公益理念开展公益实践。通过对孩子们心灵的开启，唤醒他们对生命的热爱，实现投入产出最大化和社会价值最大化，项目可持续、可复制，这也是长江公益一直坚持的理念。

项目发动长江校友集群的力量筹款，并联结社会资源为项目专业化运作提供了多层次支持体系，打造出高质量的项目产品。期望在未来，项目能更好地发挥长江校友企业的核心竞争力，创新产品模式，比如三七互娱集团在核心产品中植入美学元素，将审美与艺术同产品设计结合，用沉浸式美学教育方式，更加激发青少年的创造力和活力，并将公益产品与金融机构联结，用公益金融的方式让金融机构的客户抵达公益产品端，同时扩大捐赠渠道，联结更多捐赠人，也提升捐赠人的体验感，从而实现捐赠人与受益人的价值联结，实现项目的社会价值最大化。

房涛（长江 EMBA 34 期校友、深圳慈善会常务副会长）

四川女子“木兰班”

保障女孩教育，改变贫困传递

时间已过去许久，长江商学院四川校友会副会长、CEO 11 期、商业 × 科技二期校友梁春燕仍清晰记得在四川凉山大山里遇见的那个 20 岁的彝族女孩。在为西昌绿荫学校“木兰班”招生走访过程中，这个女孩恳求被招录进校。尽管她刚刚 20 岁，但已远超初一学生的平均年龄。

见梁春燕犹疑，女孩指着不远处一个结婚生子的年轻同伴对梁春燕说，“为了上学，我挨了很多顿打，要是不招我的话，很快我就会像她一样，到时候你们还要来帮助我的孩子”。

梁春燕心里一惊，拍板将这个女孩招进了“木兰班”。“木兰班”是一个女子班，由长江商学院四川校友会于 2020 年 9 月在西昌绿荫学校成立。西昌是四川凉山彝族自治州的首府，这里多数为彝族人，而在绿荫学院，彝族学生占比高达 99%，大多来自曾经的深度贫困县。

这一项目旨在鼓励彝族女孩接受教育，培养女孩用知识改变命运，像花木兰一样坚毅果敢地追求梦想，创造自己想要的生活，改变无知与贫困的代际传递。长江四川校友会“木兰班”项目荣获“长江公益奖年度长江公益项目”。

助力女性改变命运

在四川省西南部，北起大渡河、南至金沙江的凉山州是彝族聚居的自治州。凉山州地处川西南横断山系，界于四川盆地与云南中部高原之间，地貌与气候极端复杂。这里经济落后，曾是国家重点扶贫对象，与落后经济相伴的是以前遗留下的陋习。这里长期存在重男轻女的思想，女孩失学现象严重，文盲群体里超过三分之二是女性。

凉山州的女性处境艰难。她们普遍受教育程度不高，尤其在凉山州的深度贫苦地区，女孩子通常只完成小学教育便被父母召唤回家，负担起照顾其他兄弟姊妹和料理家务的重担。在一些地区，女孩子甚至会成为给家里换头牛羊或为兄弟换亲的筹码。

梁春燕对凉山州十分了解，正是被凉山州女性的艰难处境所触动，几年来她在当地资助成立孔子班、女子班，以保障女孩子的受教育机

· 四川校友会秘书处前期调研

会。梁春燕是四川钦成实业集团董事长，也是长江商学院校友及四川校友会副会长。2020 年 9 月，在她的联络协调下，四川校友会在西昌绿荫学校开设专为凉山女孩成立的“木兰班”。

“木兰班”取自“花木兰”，寓意对女孩子们的期待。“希望她们像花木兰一样自我觉醒，依靠自己，自立、自主、自强，能在社会拥有一席之地。”梁春燕说。

经过慎重考量，西昌绿荫学校成为长江商学院四川校友会的合作伙伴。作为四川凉山州的首府，西昌离州里其他地方的距离相对适中，绿荫学校坐落于西昌市礼州镇，又紧邻礼州 G5 高速公路出口，交通非常便利。

二十多年前，原本住在山区的彝族人自发迁移至西昌市礼州镇，他们被称为“流民”，处于灰色地带，没有土地，讲不好汉语，没有劳动技能，子女没有学校读书。为解决这一问题，土生土长的彝族女孩王荣惠辞掉在西昌市区的工作，1999 年返回礼州创办一所供这些彝族子女读书的学校——西昌绿荫学校。这是一所不以营利为目的，旨在促进教育公平的民办公益学校。

正是看中绿荫学校的公益气质，梁春燕选择在这里创办供贫苦彝族女孩念书的“木兰班”。“木兰班”将视线投向凉山州深度贫困县，扶助那些自然条件恶劣、家庭经济困窘、文化基础薄弱的 12~20 岁女孩。其中，留守、单亲、孤儿及服刑人员的女孩被优先考虑。这些家庭因子女众多、收入低、负担重等因素，女孩鲜有接受教育的机会。

“一个女性真的可以管三代人，女性强大起来才能逐渐改变当地文化与观念的落后。我们想搭建一个平台，树立更多的女性榜样，让当地彝族女性相信自己是可以改变命运的，她们的人生可以有更多希望和可能。”梁春燕说。

三方合作

梁春燕与西昌绿荫学校确认合作，学校向上级教育部门备案，接着以政府部门提供的学生名单为参考，梁春燕与老师们深入深山实地入户家访招生，鼓励家长们同意送孩子出山入学读书。

“因为当地重男轻女思想非常严重，很多女孩即使被送去上学，中途也经常被叫回家做家务或外出打工或嫁人。关键是将女孩们带离这种环境，给她们打造一个可以专心学习的环境。”梁春燕说。

· 梁春燕在“木兰班”与同学们互动交流

在深山家访中，梁春燕亲眼看到深山里贫困家庭的生活光景，“真的很难想象现代社会还有这样的家庭”。她还记得一位彝族女孩在作文里写道，“我的家在大凉山深处，抬头可以望见星空”。这一情景可能会让人感到浪漫，下一行便是，“我家里面最值钱的东西是塑料桶”。女孩与爷爷奶奶一家八口人挤在不到 20 平方米的房间，头顶是草屋，每逢下雨便漏水，只得用塑料桶接雨水。

经过抽查家访，“木兰班”确定了一份 60 名学生的名单。“这个班符合条件的多达 4000 人，没办法，我们只能选择 60 名女孩。”梁春燕不无遗憾地说道。

拟订招生名单后，梁春燕便在长江商学院四川校友会群里发起众筹，统计“木兰班”孩子们三年所需费用。这些费用包括 60 名女孩初中三年基本的学习费、生活费、住宿费、服装费、寒暑假补课费、体检

· 长江商学院四川校友会向“木兰班”捐款

·“木兰班”开班典礼

费及杂费等。校友们既可以直接捐钱结对子助学，每人捐赠 2.4 万元，也可以自由认捐，金额从 1000 元到 10000 元不等。

“大家非常积极，一个班的费用不到一个小时便筹集完，还有很多校友踊跃捐钱，我们没有接受，考虑还是留着以后有机会设立新班来解决孩子们的问题。”梁春燕说。

按照项目设计，所有善款由长江商学院四川校友会与凉山州教育基金会共同管理，专款专用，再由凉山州教育基金会分期转给西昌绿荫学校。如此，“木兰班”项目模型便得以确定：长江商学院四川校友会出资；西昌绿荫学校承接管理、培养、授课；凉山州教育基金会监督管理善款。如此三方通力合作，保障“木兰班”的正常开班、教学。

“木兰班”主要囊括初中三年的时间段，之所以如此设置，梁春燕主要考虑到项目实施的难度问题。“小学阶段，女孩的自理能力相对弱，对学校老师要求就高，另外就是家长也不太愿意让年龄太小的孩子离开家。进入初中阶段，女孩的自我意识开始觉醒，更自立自主，成长就更快一点。”梁春燕说。

功不唐捐

在“木兰班”创办之前，梁春燕开办的“孔子学堂女子班”“福慧女子班”的教学效果显著。据统计，这些班级的大部分学生都顺利考入高中，近 20% 学生考入凉山州重点高中。如今，“木兰班”已进入第二个年头，女孩们从入班时平均成绩不及格提升到近一半学生总分接近 600 分。在全年级八个班里，基础颇差的“木兰班”成绩稳定地名列全校前一二名。

“低进高出”的成绩令梁春燕十分感动，“真的备受鼓舞，这很令人意外，这就是我们做这件事的意义所在，也给了我们继续坚持下去的动力”。事实上，优秀成绩的背后是“木兰班”女孩们超越常人的努力。

“木兰班”的老师们除了教学，每天还有一个特殊任务：晚上在校园各个角落“抓”女孩们回宿舍睡觉。为了延长学习时间，很多女孩在教室熄灯后继续回寝室学习，寝室关灯后便藏在学校有照明的犄角旮旯继续看书。老师们在操场、洗手间都抓到过熬夜学习的女孩。

“学校是那种旱厕，她们就躲在那里学习，老师们只得过去‘抓’人，送回寝室。”梁春燕说。然而第二天凌晨五点，女孩们又早早起床开始早自习。

·“木兰班”同学们的宿舍

在梁春燕看来，“木兰班”的重点在于“三扶”：扶贫、扶智和扶志。学习只是磨炼女孩子们自我相信、自我管理和自我赋能的方法。尽管入读了“木兰班”，这并不意味着掣肘她们学习成长的困境被完全消除，相反，这些女孩始终在满是障碍的环境中学习，而障碍的主要源头则是她们的成长环境。

“木兰班”的女孩大多成长于深山，因为距离遥远，她们便寄宿在学校，隔一段时间回一次家。班里成绩第一名的女孩每次放假回家，返校后就变得又黑又瘦。原来，她回家要露天做大量农活，除了自家的还要干完亲戚家的农活才作罢。“她拼命干活，就是想为自己争取假期后继续返校念书的机会。”梁春燕说。

梁春燕还记得，一个患有小儿麻痹症的孩子，多次辍学回家照顾弟弟妹妹，11 岁才上小学。入读绿荫学校之前，先是孩子妈妈去世，此后爷爷、奶奶又接连去世。孩子开始自暴自弃，成绩一落千丈。梁春燕找孩子谈心，“她就说要报复自己的爸爸，我说你不认真学习伤害的是你自己，你要珍惜来之不易的学习机会”。经过一番思想沟通，这个孩子的成绩又逐渐好转。

“木兰班”有一个能歌善舞的女孩，梦想是成为吉克隽逸那样的明星。在开学前，她失去了最后的亲人——妈妈，成了孤儿。她曾给探访学校的商学院校友们唱了一首歌，“她说，每个人都有不幸，我也有很大的不幸，但事已至此我只能笑着去接受，拿出更大的勇气做出一点改变”。梁春燕注意到现场许多校友红了眼眶，“这个班汇集了这么一群内心非常坚韧的女孩，她们可以卖惨博取同情和关注，但她们自立、自强，非常有自尊”。

·“木兰班”里的一名女同学

不放弃每一个孩子

“木兰班”孩子们的成长，令梁春燕感到“惊喜又感动”。孩子们成长的背后是西昌绿荫学校的老师们细水长流的陪伴与付出。

在“木兰班”，老师们的付出很大程度上超出了他们的职责范围。他们更多地扮演了孩子们生命中缺失的角色，可能是爸爸，也可能是妈妈。几乎每个老师都为“木兰班”的孩子花过钱，他们像家人一样照顾着这群孩子。有时遇到学生生病，老师还要自掏腰包带孩子看病，拜托家人在医院陪护学生。

“这群孩子非常幸运地遇到了一群愿意为他们付出的好老师。”梁春燕说。老师们的付出让绿茵学校这个凉山州农村第一所私立学校的成绩位列全州前十，更重要的是，他们不遗余力地与当地贫乏落后的思想观念做斗争，为孩子们争取读书的机会，没有放弃一个孩子。

· 长江商学院四川校友会校友与“木兰班”同学交流

对“木兰班”的孩子们而言，失学的风险从未真正消失，可能隐藏在每一次与原生家庭的接触过程中。

孩子们每次回家都暗藏无法继续返校的风险。“重男轻女，原本就不看好女孩上学会有什么出息，但凡家里有什么状况，父母就会叫女孩回家，甚至让她们换婚或出去打工，这就造成一定的失学率。”长江商学院四川校友会秘书处王春莲说。因此，老师们还担负教学外重要的“劝学”任务——劝说这些家庭允许女孩继续上学。

·“木兰班”女孩在家照顾家人

老师们劝说的方式五花八门，但仍可能无法挽救一个孩子的命运。梁春燕无法忘记曾带过的一个女孩，在身体不适时被班主任带去州里看病，女孩被查出脑部有肿瘤。随即被接回了家，梁春燕在成都安排好华西医院等待女孩来做手术，然而任谁劝都无果，家长拒绝送孩子就医，坚持在家里找人“驱魔”。

“因为只有家长才是监护人，我们天天跟家长沟通，也不用他们花钱，请会彝语的班长帮忙翻译，我也跟女孩说‘一定要出来’，最后好不容易家长同意将女孩送过来，第二天早上就得知女孩去世了。我们和老师们都哭得不行。”梁春燕回忆道。

梁春燕眼睁睁看着生命在眼前消失，却无能为力。“在当地，最大的贫困是思想贫困，外人真的想象不出来。”这更坚定了梁春燕教育扶贫的决心，“只有教育才能破除思想的贫困”。

此外，掣肘这一教育公益项目的还有师资问题。尽管绿荫学校的老师们已经相当富有责任感与爱心，但这仍无法弥补当地系统性教育资源的匮乏。这些年，当地也不乏一些外来的优秀人才前来支教，但他们大多短暂停留几个月，很难留存下来。

“这几年精准扶贫，其实当地修了不少学校，场景不缺，但症结是没有足够的优良师资，教育质量良莠不齐，也不成规模和体系。”梁春燕说。

·“木兰班”学生在家学习

看看外面的世界

作为义务教育的一部分，“木兰班”在重视孩子们的成绩之外，也不断为孩子创造更多体验与成长的机会。

在此前的“孔子学堂女子班”，梁春燕为孩子们在课余设计了夏令营与心理拓展活动。而“木兰班”在既有活动的基础上，为孩子们增加了更多探索“外面的世界”的活动。

对“木兰班”的孩子们而言，她们对世界的想象严重受限于自身狭隘的经验。2020 年，班级孩子们被带往成都旅行，孩子们参观城市科技馆、博物馆等她们从未见过的场所。梁春燕请孩子们吃饭，面对满桌子的菜，她们一脸迷茫，“都不认识那些是什么菜”。

在孩子们的老家，人们的饮食传统而固定，主要是烧坨坨肉和煮土豆，最多辅以辣椒调味。不仅是饮食，孩子们经验的匮乏也影响了她们对知识的理解。在“木兰班”，孩子们认为最难学的科目是物理，物理课上涉及的火车、高楼，完全超出了她们的生活经验。

“所以带孩子们出来见见世面，一方面可以开阔她们的视野，另一方面也可以激发她们对更好生活的向往，从而激励她们坚定努力改变命运的决心。”梁春燕说。

王春莲对孩子们的处境了解得十分清楚。她还记得“木兰班”上的一名学生，她的父母外出打工，家里有三个弟弟妹妹，分别是15岁、10岁和5岁，在姐姐住校的日子，他们独自上学，彼此互相照顾。在他们的小屋里，唯一的家电是一台迷你冰箱，灶台由三块砖头垒制而成，做饭时还需到屋外拾柴。他们的主粮是大米、土豆和玉米，小小的米桶里只有几斤米。

每到周末，大姐从学校回家，拿着爸妈给的生活费，想办法为全家做一顿好吃的，同时也为弟弟妹妹储备好下一周的粮食。“她不仅要努力学习，还要操心家里的弟弟妹妹，她从入校时的倒数到班级前五，真的非常不容易。”在王春莲心里，正是孩子们日复一日的努力，为“木兰班”赋予了意义，也给了他们这些参与者继续做下去的勇气。

·“木兰班”学生在家做饭

日拱一卒

同样受到触动的是长江商学院四川校友会的校友们。“大家都十分支持，我们长江的会长还说不仅包三年，十年也包！这真的给了我们极大的底气来持续做这件事。”梁春燕说。

这种持续性体现在“木兰班”的项目设计机制中。虽然“木兰班”只囊括这些女孩的初中三年，但不意味着她们享受的关怀只有三年。相反，所有人希望与孩子们是“十年之约”，从初中、高中、大学，直到把她们送进社会。

这意味着，孩子们从“木兰班”毕业后，但凡有任何困难，她们仍能得到系统性的支持。“我们都没有散，档案已经建立起来，联络方式也都有，我们会持续追踪孩子们后续的成长。”梁春燕至今仍时常前往西昌重点高中探望以往的学生，“就是那个班级第一名，每次回家拼命干活的女孩，她最后考上了市重点高中”。

梁春燕想看看，将十年时间、精力用在几百个女孩身上，将带来什么样的变化。“我们把一个孩子从深山里带出来，将她们的心性提起来了，如果之后就撒手不管了，破坏力远甚于她们从未出来过。我们需要考虑什么是真正有利于她们长期成长与发展的。”

与其说“木兰班”女子项目是一个教育实验，不如说它更像是一个社会工程。其中涉及的问题复杂深远，不仅关乎教育，更关乎当地整个社会的文化、思想、观念与风气的改变。梁春燕看到了这一工程的宏大与难度，她也试图从“木兰班”抽离出可复制的模式，并以正式的社会组织的身份对其进行运营、推广。

然而，申请正式的社会组织身份的过程有一定难度。梁春燕不得不暂时搁置申请，专注地以长江商学院四川校友会的身份继续做事。

长江商学院“无公益，不长江”的公益氛围也在不断滋养长江四川校友会“木兰班”项目。校友们不仅在资金上大力支持，还躬身成为志愿者参与其中。“大家都是不遗余力地参与其中，这是我们做这件事的动力。”梁春燕还劝退了热情“承包”项目费用的校友，“我们还是想要每个人少出一点，但更多人能参与进来”。

· 长江商学院四川校友探访学校

除了长江商学院，梁春燕也为项目拉了一些外援。今年，为解决孩子们的营养问题，她拉来蒙牛集团，赞助孩子们“每天一盒牛奶”。

“可能我们干不了更大的事儿，但我们可以先把这个区域的事儿做到极致，全心全意先影响一批彝族女孩。”梁春燕还有更多设想，她想对外发声，让更多人了解“木兰班”模式并应用在需要的地方，她还希望可以为这些彝族女孩吸引来更多、更优秀的教师资源。

“如果有更多资源、力量汇聚过来，有能力的话可以做更多的‘女子班’，加速解决社会问题。当然一个地方观念的改变，代际传递的改变，问题很复杂，涉及面也很广，但还是要看到希望，日拱一卒，总要有人去做点什么。”梁春燕说。

对话长江商学院 CEO 11 期校友、长江商学院四川校友会副会长、四川钦成实业集团董事长　梁春燕

问：长江四川校友会“木兰班”项目最大的社会创新和社会价值点在哪里？

梁春燕：一个地区思想观念的改变是不容易的，关键是要改变落后思想的代际传递。而女性在这个过程当中起到了非常重要的作用。只有女性强大起来才能改变一个地区落后的观念和文化。因为一个女性可以管三代人，只有她自身观念改变，才会影响观念的代际传递。一个女性通过知识改变命运，也能为其他弱势女性提供好榜样。她们需要一个给予她们改变的力量的平台和机会。这就是我们在做的事。

问："木兰班"项目的迭代升级体现在哪些方面？

梁春燕："木兰班"在注重学生课业成绩的基础上，增加了更多创新内容。比如，在学习之外，女孩们可以参加夏令营等一些拓展活动，活动内容更多针对女孩的一些特殊需求，着重锻炼她们的心智与意志。同时，我们也会举办一些课外活动，带孩子们走出凉山去见识外面的世界，拓展她们对社会的认知，激发她们想要走得更远的内在动力。

相比以往，我们的精力主要集中在一个班的学生身上，现在我们也会协助学校解决一些问题，为学校提供更多发展的机会和资源。我们相信，当学校这个大环境变好了，孩子们也会跟着受益。

问：长江商学院的公益与社会创新教育、实践，对您从事公益有何影响？

梁春燕：长江商学院的老师、校友们对我们的公益项目非常支持，不仅是作为捐赠人，还时常作为志愿者参与其中。长江商学院素来倡导"无公益，不长江"，塑造的是一种大公益的积极氛围，所以在我们公益项目运作的整个过程中，无论什么时候需要资源，长江商学院及校友们都是不遗余力地给予我们帮助。这些都给了我们做公益的动力和信心。

我们希望可以通过长江商学院这个平台，让我们的公益项目被更多商学院校友看到。如果我们的公益模式可以影响并在其他有需要的校友所在地复制、扎根下来，那这也是我们对长江商学院及校友会的贡献吧！

撰文　浮琪琪

案例点评

这个项目让我看了又看，有无数想深入写的点，其中，有个场景让我久久不能忘却。女孩指着不远处一个结婚生子的年轻同伴说，“为了上学，我挨了很多顿打，要是不招我的话，很快我就会像她一样，到时候你们还要来帮助我的孩子”。在我们做事业的这些年里，遇到过很多有类似经历的女孩子，因为多种原因很难继续学业，而能如此坚定地想改变自己命运的女孩却并不常见，在教育均衡发展的地区性特点与性别特点下，四川女子“木兰班”显得格外不同。

站在专业的项目管理角度来看，这是一个非常优秀的精准定位于社会需求、项目的必要性与组织保障都清晰明了的公益项目，其表现在如下几个方面：一是项目执行地域精准性——四川省西南部，北起大渡河、南至金沙江的凉山州是彝族聚居的自治州。凉山州地处川西南横断山系，界于四川盆地与云南中部高原之间，地貌与气候极端复杂。这里经济落后，曾是国家重点扶贫对象。二是帮扶人群的精准性——“木兰班”将视线投向凉山州深度贫困县，扶助那些家庭经济困窘、文化基础薄弱的 12~20 岁女孩。其中，留守、单亲、孤儿及服刑人员子女被优先考虑。三是项目合作方模型定位清晰——长江商学院四川校友会出资；西昌绿荫学校承接管理、培养、授课；凉山州教育基金会监督管理善款。三方通力合作，保障“木兰班”的正常开班、教学。四是项目的重点明确——定位在“三扶”：扶贫、扶智和扶志。学习可以磨炼女孩们自我相信、自我管理和自我赋能的能力，对她们至关重要。五是项目的创新性——提升“木兰班”女孩们的素养教育，除了重视女孩们的成绩，还不断为女孩们创造更多体验与成长的机会，在课余设计了夏令营与心理拓展等活动。

专业能力突出、公益性明确、可落地实施与合作方界定清晰是公益项目能走得更远所必须具有的几大特点，在此项目中，这几点都有体现，当然除了专业度的界定，我还能从中感受到一个优秀女性企业家宽广的胸怀与眼界，帮扶一个女孩，可以影响一个家庭的三代，进而影响一个国家的未来，这也正是长江商学院所赋予企业家最重要的使命与愿景。

姜莹（长江 EMBA 27 期校友、
中华少年儿童慈善救助基金会副理事长兼秘书长）

关怀乡村留守老人

五社联动，深耕执行体系

“相比送钱送物，提供系统深入的服务更符合从慈善到公益的转变。”正是看中这一点，2016 年从“老兵回家”公益项目离开的资深公益人钟铁华，接下了“关怀乡村留守老人”公益项目。

这一项目由长江商学院 EMBA 26 期 5 班 71 位同学和班主任共同发起，最初是他们完成公益学分的一部分。2019 年，经过商议，在项目的原基础上成立上海市长益公益基金会（以下简称长益基金会）。几年来，所有发起人、理事、监事积极参与基金会事务，将其推动成为长江学子们的公益马拉松，并荣获“长江公益奖年度长江公益项目”。

“关怀乡村留守老人”公益项目最初便将关注点投向西部乡村鲜被关注的弱势老人群体。“中央号召我们扶贫，那么我们就应该去往最贫

· 长江商学院 EMBA 26 期 5 班发起“关怀乡村留守老人”公益项目

困的地区，这表明我们不是作秀，而是真正想做实事，想解决切实的社会问题。”长益基金会理事长龙陈说。

从“慈善”到“公益”

龙陈既是长益基金会的发起人和理事长，也是长江商学院EMBA 26期5班校友、长江商学院上海校友会副会长，主要身份是上海邦信阳中建中汇律师事务所合伙人。自2016年开始，龙陈与同班同学发起“关怀乡村留守老人”公益项目。

为选定合适的项目点，2016年钟铁华前往陕西省秦岭地区实地调研。这里地形复杂，山川连绵，村民散居分布，有的住户家里甚至没水没电，与大城市相比基础设施严重落后。生活在这里的老人既面临物质困乏的窘境，又因长期留守而在情感上倍感孤独。在调研中，钟铁华深入了解了老人们普遍存在的问题及内心压抑的多样化需求。他们迫切需要生活条件的改善，需要和谐温暖的人际交往与情感支持。

捕捉到目标群体的问题与诉求，但碍于秦岭地区严峻的地理与气候条件，“动不动就大雪封山”，为使一年间项目开展时间尽可能久一些，钟铁华将第一个项目地定在四季如春的云南省保山市施甸县。

云南省保山市施甸县位于云南省西部边陲，隶属怒山尾翼山地峡谷区，曾被划为国家级贫困县，也是“老兵回家”项目的一个项目点。此前在服务“老兵回家”项目时，钟铁华已与施甸县当地县委相熟。带着“关怀乡村留守老人”新项目，钟铁华直奔施甸县民政局。

“我们一起合作，采用共创的方式来解决你们当地留守老人的问题。”钟铁华对当地县民政局工作人员说。当地县民政局觉得这是很好的事情，帮助筛选了适宜开展项目的村落、每个村落需要扶助的老人与村里可供培养的养老社工人选。

在县民政局提供的候选名单的基础上，钟铁华走访、调研、面试，进一步优化项目相关方。按照项目标准，留守老人、空巢老人、高龄老人、独居老人被列为优先扶助对象。选拔养老社工的标准更为复杂：25~50岁，身体健康，性格开朗，富有责任心，懂得驾驶交通工具，具备一定的语言、文字及使用电脑的能力，愿意长期为乡村老人服务，未来三年内没有外出打工计划，具有城市务工经验者优先，等等。

选拔、培养符合条件的当地村民成为养老社工，这是项目的一大创新。长益基金会理事长龙陈赞赏这种选拔养老社工的方式。他认为这符合中国传统文化“差序格局”的特点，从而使项目更能在村落扎根并持续开展下去。

“这些村里相对年轻的人都是村里长者看着长大的，年轻人照顾这些老人就像照顾自己的父母，老人也愿意被他们照顾。而且养老社工可以在不外出打工的情况下有一份收入，还能就近照顾自家父母，同时他们也能激发、带动村里其他志愿者参与进来，如此整个社区就形成一种良性的自治。”长益基金会理事长龙陈说。

养老社工每月从项目领取近2000元津贴，每月为被划定的受助老人上门服务2~3次。经过实地摸排，入户服务被设计得丰富实用。服务内容被划分为共性服务，包括卫生健康服务、情感陪伴服务、安全防范服务等，同时针对具体对象的个性化需求也提供相应的个性化服务。

按照项目设计，每村每个养老社工需要至少激发20户本村村民担任协同志愿者。如此，每村在一名养老社工的主导下，与协同志愿者一同构成体系化的养老服务队伍。到了2017年，云南施甸县的项目点体系已搭建成型。

· 云南省保山市施甸县布朗族独居老人杨奶奶在烧火

在这期间，随着项目体系的建立与日趋成熟，也伴随长江商学院26期5班同学毕业，为将“关怀乡村留守老人”项目长久持续地做下来，全班同学商议从打“游击战”转而注册一个正规的基金会，并推举龙陈统筹基金会事宜，推举郑波和周俊良为名誉理事长。

谈及基金会注册过程，龙陈感叹：“因为基金会审核比较严格，基金会注册期间真的经历过很多挫折。”为保障基金会以一个较高规格存续，龙陈建议在上海市民政局注册基金会。这加大了基金会注册的阻力，但龙陈没有放弃，“我们是想认真并长久地做公益的，自然想注册一个便于更好开展工作的基金会”。

经过严格的审批流程，2019 年上海市长益公益基金会正式成立。“长益，一个寓意是我们发起人都是长江商学院的校友，另一个寓意是我们都想做长长久久的公益。”龙陈说。

深耕执行体系

除了培育当地养老社工、志愿者，更重要的是为当地培育可独当一面的社会组织。“基金会还是想培育当地的社会组织，授人以鱼，不如授人以渔，如此，等我们抽身后当地生态是可以自治的。”龙陈说。

为探索如何孵化并培养在地社会组织，2020 年钟铁华将云南保山施甸县项目复制推广至陕西省榆林市佳县。经长江商学院陕西校友会校友引荐，长益公益基金会与长安信托开展合作，经过佳县民政局的协调，项目迅速落地。

至此，长益公益基金会的项目模式愈加清晰：以老人关怀为核心，依托村社区养老设施，通过支持社会服务机构、培育农村养老社工、激发村社区志愿者等构成本地公益执行体系，在农村、城乡接合部的村社区提供养老服务和社区公益活动，缓解村社区老人的物质困境、日常照料、生活安全及情感孤独等问题，从而助力农村养老服务体系建设。

2021 年，长益公益基金会在佳县选拔的项目管理人员在当地顺利注册了县域社会服务机构，组织了在地的社会服务团队。如此，在地的社会组织得以培育出来。2021 年 7 月，长益公益基金会又将项目落地于重庆市北碚区，并与北碚区民政局、长江商学院高远户外俱乐部“戈十七”组委会共同启动“碚乡长益——关怀乡村留守老人”公益项目，重庆校友会积极参与。

长益公益基金会资助、培育了 1 家本土社工机构——重庆市北碚区启辰社会工作服务中心，并培养一批养老社工，共计帮扶了 15 个村 450 名老人。

· 参与项目的老人

截至 2021 年，长益公益基金会已有 4 个成熟的项目点，覆盖 6 个区县、86 个村社区、2 家社会服务机构及 86 位养老社工。在养老社工的带动下，共发掘2000多名村民志愿者，近5000名老人直接受益。

在钟铁华看来，长益公益基金会的项目最大优势在于建立了一套扎实系统的公益执行体系。“无论是资助型基金会还是个人、企业要资助一笔钱，项目成功的关键是要能深入执行下去，下面得有人，要离受众足够近。我们建立了一套完整稳定的公益执行体系。”钟铁华说。

凭借接地气的深入基层的执行体系，长益公益基金会也在吸纳源源不断的社会资源。譬如，2022年在广东省韶关市仁化县和乳源县，得益于能够广泛且直接入户接触乡村老人的优势，腾讯基金会旗下及合作的对标服务老年人的各类提供助老养老科技产品与服务的机构便在长益公益基金会的公益执行体系中进行多方协作，中国老龄事业发展基金会、SSV银发实验室、清华大学公共管理学院社会创新与乡村振兴研究中心、青岛大学政治与公共管理学院、中科院心理研究所、中和乡村发展促进中心、微保、中国电信集团平安乡村团队共同实践探索农村互助养老可持续发展项目。

“这样就避免了重复劳动，执行起来非常有效率，同时，这样的多方合作也是我们对基金会资助方的一个回馈。”钟铁华说。

总体而言，养老社工及其激发的在地志愿者、合作培育的在地社会组织，共同构建了长益公益基金会最具价值的资产——深耕的执行体系。“一个基金会能‘底下有人’，这是非常难的。”钟铁华说。

· 陕西省榆林市佳县社区公益活动

一场“变革”

在长益公益基金会开展养老服务项目的地方，当地老人的生活状况与精神面貌明显改观。

杨爷爷是云南省施甸县甸头村的重点扶贫对象。他已年逾70，老伴去世多年，与大儿子关系不睦，长期与智力障碍的小儿子同住在一个黑黢黢的窝棚里，日常以捡垃圾为生。为改善老人的生活处境，村里为老人盖了一座新房，然而老人拒绝搬迁，任村委几次三番做思想工作，老人也不为所动。

老人平日里的人际交往不多，每月长益公益基金会项目的养老社工入户提供服务。与老人建立信任后，养老社工了解到老人拒绝搬迁的真实顾虑。原来，老人担心无法负担乔迁宴的费用，也担心无人前来捧场。

随后，养老社工向项目申请了特殊经费，准备为老人张罗一次乔迁宴。同时，养老社工在村里积极做好动员工作，邀请老人的孩子与街坊邻居准时赴宴。打消顾虑后，老人同意搬家，一改往日邋遢模样，神清气爽地出席了热闹的乔迁宴。宴席间，不睦的大儿子也携全家参加，全程帮老父亲张罗，家庭关系也得到缓和。

类似这种家庭伦理关系问题在养老服务中屡见不鲜。处理此类问题时，钟铁华的原则很明晰，“不管家属之间有何恩怨，我们做服务的都不能指责别人的子女不孝顺。相反，我们不如鼓励、倡导这些家属也参与养老服务，哪怕不是照顾自己家人，担任志愿者来照顾其他人的父母也是好的”。

· 陕西省榆林市佳县的留守老人

在陕西省榆林市佳县石窑村，自长益公益基金会的项目落地以来，村里老人们的居住环境和生活状态焕然一新。老人们培养了良好的卫生习惯，开始注重仪表形象，清爽利落了许多。“其实就是有人爱了，他们就会自爱，感到自己是有价值的人。”钟铁华记得村书记曾使用让她耳目一新的词汇来形容村里的变化，“书记对我说，这简直是一场‘变革’”。

在上门入户服务老人之余，养老社工还定期组织社区公益活动。村民的变化肉眼可见，“从一开始被动参与，到后面主动为社区活动出谋划策，在参与的过程中，村民感受到的不仅是快乐和自我价值的实现，在对石窑村进行回访时，该村书记说‘村民参与公共事务的积极性相较以前有了明显的提升，现在村里有个什么事，一通知大家就来了’”。长益公益基金会项目主任刘雅馨回忆道。

在重庆市北碚区项目点，长益公益基金会执行合作伙伴干伟溢见证了吴家宏老人的变化。吴爷爷是低保特困户，因腿伤无法行走，起居高度依赖轮椅，长期照料他的妻子也出现了照料者疲惫的状态。他成为长

· 重庆市北碚区老人吴爷爷

益公益基金会项目的受助老人，每月养老社工定期上门服务，为老人按摩，带老人出门散步。长期照护下来，吴家宏老人的病腿得到复健，如今已可以脱离轮椅，扶着拐杖勉强走路。

受益于长益公益基金会项目的不仅是那些身处困境的老人，为老人提供照顾服务的养老社工也跟着受益。长益公益基金会项目主任刘雅馨对云南省施甸县社工袁怀兰印象深刻。为胜任社工工作，她特地购买了一本《新华字典》扩大词汇量，还跟着驻村干部学习使用电脑设备。经过一段时间的学习，袁怀兰从原本只会围着锅碗灶台打转的农村家庭主妇，转变为既能入户为老人服务，也能链接各方资源并从中协调沟通的“能人”。

“在提供服务过程中，养老社工个人成长了很多，自信心与成就感显著上升。”长益公益基金会项目主任刘雅馨说。

除了内心世界悄然变化，这些养老社工的人生轨迹也切实被改变。有的开始自学社工专业，通过考试成为有资格证书的职业社工；有的凭借良好的群众基础在村委就职，开始分担整个村的管理工作。

五社联动

在长益公益基金会项目地，改善的不仅是受助老人与养老社工的生活状态，当地群众与政府的关系也愈加和谐。

《人民日报》曾刊文赞赏长益公益基金会，“与当地民政协同，将党的政策通过社工贯彻到基层，既改善了党群关系，同时又培养了大量的农村养老干部，有力地巩固了党的基层政权”。龙陈没料到基金会所做的项目，“能一下子被提得这么高”。

随之而来的是上海市民政局对基金会的认可与支持。“民政局领导感叹，你们在云南做了这么多事，以后我们也要介入。”龙陈回忆。此后，上海合作交流办每年资助长益公益基金会50万元用作项目资金。

谈及与政府的关系，钟铁华形容彼此是“共事”状态。新冠肺炎疫情防控期间，长益公益基金会的项目点也积极宣传防疫政策，向老人发放防疫物资，向村民科普防疫知识，养老社工及志愿者也主动参与防疫支援工作。

值得一提的是，长益公益基金会用公益角度实践了“五社联动”模式，调动社区、社会工作者、社区社会组织、社区志愿者、社区公益慈善资源五种力量，以公益性养老服务为切入点，遵循“尊重当地、多方协作”的原则，秉持“以人为本、以村社区为本、以激活本土人才资源为着力点”的策略，通过资助与赋能的方式，助力乡村振兴。

“有所为有所不为，我们做任何项目都是协同当地政府，来解决当地遇到的养老或扶贫的困境，努力将我们的社会价值功能发挥到最大。”正如基金会理事长龙陈所说，“政府将我们纳入基层社区治理的重要组成部分”。

· 云南省保山市施甸县的养老社工协助老人做农活

从执行到资助

自2019年出任长益公益基金会秘书长，钟铁华注意到长益公益基金会有一个特殊之处：理事会相当庞大，多达二十多人，皆为基金会的发起人，也都是长江商学院的校友。如此一来，庞大的发起团队为新生的基金会提供了必不可少的支持，更重要的是，这也保证了基金会的相对独立性。

基金会不是某个企业的基金会、某个企业家的基金会、某一个机构的基金会，甚至不是一个班级的基金会。龙陈认为，“这个基金会将不属于任何人，不属于任何机构，既是265班同学的，也是长江商学院的，更是社会的，有着很高的格局和立意”。

被众人推举为长益公益基金会的理事长后，龙陈花费了很多时间和精力琢磨基金会的生存和发展。“我每天考虑的是，基金会千万不要垮掉，千万不能关门。”龙陈说。

影响基金会生存发展的一个重要因素是资金状况。钟铁华时常盘算机构的财务状况。目前，在项目资金方面，得益于腾讯乐捐及上海合作交流办每年 50 万元的资助款，云南施甸县项目点可以维持运营；陕西佳县项目点资金则来自长安信托的购买服务；广东韶关项目资金来自腾讯基金会的部分合作项目预算；重庆项目则通过民政局按 20% 比例资助并与长江商学院高远户外俱乐部“戈十七”合作筹资。

·“戈十七”志愿者为重庆老人过 80 岁生日

如此安排下，长益公益基金会的项目资金缺口仍然较大，尤其涉及运营、筹资传播等非限定资金方面，基金会仍面临一定的资金压力。“很多人以为我们是上海的基金会，又有长江商学院的背景，应该是不缺钱的，但其实我们也存在资金压力。”钟铁华说。

据披露，2021 年长益公益基金会整体筹资需求超过 700 万元，2022

年筹资需求达 1000 万元。龙陈也注意到基金会的筹资短板，为解决这一问题，钟铁华开始搭建机构系统化的筹资传播体系，致力于显著提升基金会的筹资能力。因此，钟铁华开始较多对外为基金会发声，“在搭建筹资传播之前，我一般不发声，希望不要塑造公益明星，否则下一步就是道德绑架、沽名钓誉，那还不如不做”。

在资金之外，长益公益基金会仍面临不少挑战与制约。在培育项目地在地化本土力量方面，由于培训资源有限，培训体系仍存在短板，从而制约了本土力量的孵化。在机构运营方面，如何更快速地适应庞大的理事会，如何构建成体系的筹资传播体系，如何合理壮大秘书处团队规模等，都是摆在长益公益基金会面前的具体难点。

同时，长益公益基金会也在规划新的发展方向。

一个重大转向是，长益公益基金会未来将逐渐从执行、培育转向资助。“现在基金会做了很多具体的执行工作，无法抽离出来去赋能更多组织、做更多事情。这也决定我们以后要转型，从执行转向资助，来探索更多可能性。”龙陈说。

另一个重要转向是，长益公益基金会未来将加大对上海本地的服务。2022 年 5 月上海新冠肺炎疫情暴发期间，长益公益基金会捐赠 5 万元，为多家方舱医院购买冰箱，用来存放在方舱隔离的糖尿病病人的药物，同时又拿出 5 万元资助上海虹口区 523 户独居老人，在虹口区统战部、黄晓明先生和明天爱心基金会的帮助下送去了温暖。按照规划，长益公益基金会后续将在上海逐渐开始做社区试点，尝试为上海本地提供服务。

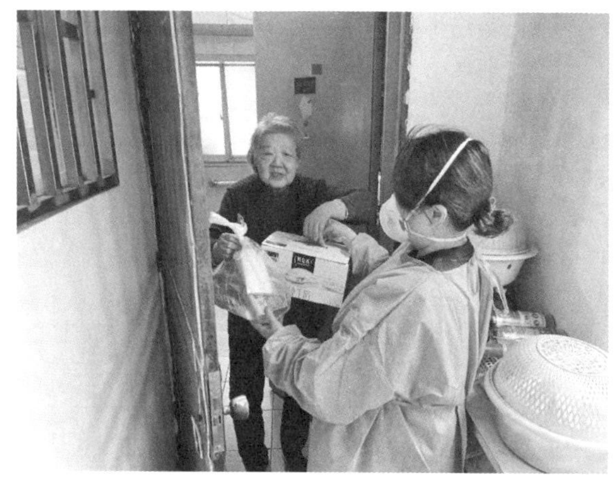

· 基金会为上海新冠肺炎疫情中的523户独居老人送去关怀

在长益公益基金会的成长过程中，长江商学院的影响不可小觑。龙陈感叹，没有长江商学院就没有长益公益基金会。他感念长江商学院“无公益，不长江”的公益理念对自己及同学们的公益启蒙与引导，不然很难想到要投入地做公益。如今，长益公益基金会的公益事务已占据龙陈三分之一的工作时间，他投身公益，并乐在其中。

“我们基金会作为长江商学院响应共同富裕的一部分，对商学院是一个加分。同时，我们的项目模式被民政部梳理出来并向全国推广，这对商学院也是一个荣誉和成就。”在龙陈看来，未来基金会与长江商学院的合作空间广阔，令人期待。

对话长江商学院 EMBA 26 期 5 班学员、长江商学院上海校友会副会长、长益公益基金会理事长、上海邦信阳中建中汇律师事务所合伙人龙陈 / 长益公益基金会秘书长　钟铁华

问：长益公益基金会“关怀乡村留守老人”公益项目最大的社会创新是什么？

龙陈：我们将党的政策通过社工贯彻到基层，既改善了党群关系，同时又培养了大量农村养老干部，有力巩固了党的基层政权。凡是我们基金会开展项目的地方，当地社会压力明显减轻，已经成为协同基层政府治理的积极组成部分，这个模式是非常具有社会创新性的。

钟铁华：很多公益项目集中在儿童、环保等领域，但很少有人从事服务老人群体的公益。然而随着老龄化社会的发展，面向老人的公益需求会逐渐增长。传统公益可能更多是以打款、捐物等方式进行，相对比较简单，更像是一个慈善行为，现代公益性不足。而长益公益基金会“关怀乡村留守老人”公益项目提供的是稀缺的服务，这是给钱给物都无法替代的，更符合现代公益理念。我们旨在建立完整的公益执行体系，来助力农村养老服务体系，这也是关乎基层社会治理的重要组成部分。

资方视角的创新推动了更多长江学子加深公益实践，大家愿意在这个平台上共创。几年来，瞿天锋理事建设了信息化系统，薛来民理事搭建了云南合作交流，公益大使王珮瑜做公益直播。尤其是长江“戈十七”组委会和高远户外俱乐部共同在长江各期各班招募“戈十七”公

益志愿者，将农村养老服务中最核心的陪伴服务和公益跑相结合，捐助和践行结合，创新了“云南公益行”。上海新冠肺炎疫情防控期间继余慧理事搭建虹口区统战部和黄晓明先生等社会资源后，上海校友会和高远户外俱乐部发起520线上公益马拉松，为疫情下的心理复原建设努力，其中长江商学院的老师、校友，37所商学院、“戈友”组织的嘉宾，共1300多人参加。

问：长益公益基金会未来将有哪些迭代和进化？

钟铁华：目前基金会在运营上还是蛮有挑战的。基金会的理事会太庞大，很少有基金会能有十几位理事会成员，但这确实是有它的由来。我们这个基金会毕竟是商学院一个班的同学共同发起，大家都要有所参与，否则基金会起步也很难。但管理这么庞大的基金会也是不容易的，因此之后可能要有所迭代。

另外，虽然我们是落地于上海的基金会，也具有长江商学院的背景，似乎不缺发展资金。但其实我们在资金上还存在一些缺口，可能需要更多资金支持。最后，我们已经搭建了较为系统的公益执行体系，也在做当地力量培育，我们将谋求转向做资助管理，成为一个资助型基金会，这也是我们未来发展的一个重要方向。

问：长江商学院的公益与社会创新教育、实践，对您从事公益有何影响？

龙陈：如果我没有在长江商学院上课，那我们肯定想不到要成立一个基金会，长益公益基金会就不会存在。如果没有长江各地校友会的支持和参与，这个公益项目也做不起来。学院倡导“无公益，不长江”的理念，启发了我们做公益的初心。我们班级同学在发现一个社会问题后，能一起成立基金会来深入研究并解决这个问题。长江商学院也对我们做公益起到了引导作用。同时，长江商学院这个平台也为我们提供了很多机会、资源，我们可以发动很多长江商学院的校友一起参与解决社会问题，总体而言，商学院为公益发展提供了很大的空间。

撰文　浮琪琪

案例点评

从长江公益第一课到长益基金会的公益迭代

缘起长江公益第一课

我和长益基金会发起人之一的孙春龙先生都是长江商学院 EMBA 26 期的公益生，我们那期公益生还有现任中国红十字会基金会理事长的贝晓超先生、深圳国际公益学院助理院长刘冰华女士等，每个班级一位。长江商学院给我们提供了全额奖学金，让我们和企业家同学一起全程学习 EMBA 课程。长江商学院作为李嘉诚基金会发起资助的公益项目，为了传承这份爱心和责任，提出“无公益，不长江”的理念，推动商业向善，致力于构建新商业文明。“长江公益第一课”也是我们的开学第一课。学院还要求每一个学员修满 48 个公益学时，班级也专门设置了“公益委员”，首任公益委员一般由公益生担任。为完成公益学时，各班在公益委员的组织下，一般都会开展 1~2 次班级公益活动。

EMBA 26 期 5 班在公益委员孙春龙的组织下，发起了“关怀乡村留守老人”的公益项目。孙春龙先生作为“老兵回家”公益项目的发起人，在深圳成立了深圳市龙越慈善基金会。调查记者出身的孙春龙先生善于利用各种媒体形式传播公益理念，进行公众倡导和动员，“老兵回家”公益项目也产生了巨大的社会影响力。龙越基金会也是最早开展互联网公益筹款的基金会，对如何利用腾讯公益平台和“99 公益日”开展公众动员、倡导公众参与并进行公众筹款的流程非常熟悉。许多退伍老兵随着年龄增长，在返回乡村后，成了留守老人、独居老人，“关怀乡村留守老人”应该源于孙春龙在乡村探视和关爱老兵过程中注意到了农村老人的需求，因此提议班级公益活动设计一个公益项目关注这个群体。我印象中该项目还参与了那一年的“99 公益日”，并利用腾讯公益平台通过 5 班同学在长江校友及公众中进行广泛动员，筹集到了百余万元资金。

班级公益活动迭代为专业化的长益公益基金会

5 班的“关怀乡村留守老人”项目，应该是我们那期班级公益活动中唯一持续到现在，并成立专业的慈善基金会管理运作，初步形成针对乡村留守老人长期、系统的整体解决方案的项目。

我认为这背后既离不开 5 班集体同学对这个公益项目的坚守、支持，也有两代“关爱老兵”职业公益人的传承和接力。

资深公益人接力，让班级公益活动项目化、规划化。和其他长江班级公益活动通常简单地给某个公益组织捐款捐物不同，“关怀乡村留守老人”公益项目起步阶段就实现了项目化。孙春龙先生借鉴“老兵回家”公益项目的经验，针对乡村留守老人的现状设计了公益项目，通过班级捐赠及互联网公众筹款，筹集了该项目的启动资金。

2016 年“老兵回家”公益项目的钟铁华女士加盟“关怀乡村留守老人”公益项目，接棒无法投入更多精力的孙春龙先生，将职业公益人对于公益项目设计、执行、管理的能力赋能给以龙陈先生为首的 5 班同学，一起推动项目的试点落地，使之不断迭代优化和规范化，并逐步探索规模化复制的模式。钟铁华秉持“一个可持续、可复制的公益项目一定是针对真实的、短期内不会消亡的社会问题，回应受助群体真实需求的，具备稳定的执行和多方合作机制的设计”，在实践中建立“五社联动”项目实施模式，调动社区、社会工作者、社区社会组织、社区志愿者、社区公益慈善资源五种力量，以公益性养老服务为切入点，遵循“尊重当地、多方协作”的原则，秉持“以人为本、以村社区为本、以激活本土人才资源为着力点”的策略，通过资助与赋能的方式，探索乡村养老的综合解决方案。

长江 EMBA 26 期 5 班集体同学和职业经理人的良性互动，推动项目的组织化、独立化、专业化。在龙陈先生的推动下，长江 EMBA 26 期 5 班 71 名同学和班主任，通过在上海设立长益公益基金会的方式，推动该项目的组织化、独立化、专业化的管理和运作。同时，班级同学还会调动自身企业和其他长江校友的资源，支持基金会对项目进行试点和复制推广。班级同学作为基金会发起人也会带着家人、自己企业的高管、朋友一起参加基金会组织的“亲子游学”等线下公益体验活动，持续关注项目和基金会的发展。

长益公益基金会的未来系于更多的社会参与

当前，人口老龄化已成为全球共同面对的重大社会问题，而由于城市化等因素，农村老龄化的程度远超过城市，应对人口老龄化问题的必要性和紧迫性日益突出。为助力国家积极应对老龄化，腾讯也在可持续社会价值事业部下成立了“银发科技实验室”，探索用科技和创新能力，协同行业、学术机构和社会组织一起共创，搭建平台，构建更良性的生态，寻找有效的解决方案。腾讯与韶关市人民政府一起发起的“腾爱兴村帮镇”项目，也与长益公益基金会结成战略合作伙伴，共同探索农村互助养老的解决方案。在合作中，我也了解到长益公益基金会在资金筹集上面临挑战，机构甚至一度面临年检时原始基金可能不足的合规风险。

我认为长益公益基金会未来的长期健康发展，一方面依靠发起项目的长江校友，能扶上马送一程，进一步帮助基金会秘书处动员更多的社会力量一起关注和参与基金会的公益项目，推动基金会的可持续发展。另一方面也需要秘书处进一步整合社会爱心资源，在乡村振兴的时代背景下，通过已经证明有效的乡村留守老人解决方案，让更多的爱心企业和个人理解、认同并支持乡村养老项目。

腾讯银发科技实验室也愿继续与长益公益基金会一起、与长江商学院一起、与社会一起，根据国家推动积极、健康、智慧老龄化的政策指引，坚持做难而正确的事情，“善”用科技和创新能力，共创探索可持续的解决方案，让我们的未来更美好。

窦瑞刚（长江 EMBA 26 期校友、腾讯可持续社会价值副总裁、银发科技实验室负责人、腾讯公益慈善基金会执行秘书长、长江商学院校友理事会理事）

梦想跑鞋

运动 + 公益 + 互联网

戈壁挑战赛，是一条修身修心之路。

每年 5 月，近百所商学院、几千名商学院学子相约敦煌，徒步穿越 122 千米无人戈壁，重走“玄奘之路”。在挑战身体极限的同时，很多人发现，精神升华是更深刻的体验。而这些有商业头脑的人置身经济欠发达地区，敏锐地看到当地诸多不完善之处，精神升华之余不免生出思虑：能够为这片土地，为这片土地的人们做些什么？长江商学院的公益项目便在这里生了根。

2020 年，长江高远户外俱乐部副会长、长江“戈十六”组委会公益负责人、EMBA 31 期校友李英杰设计发起“梦想跑鞋”公益项目，用“运动 + 公益 + 互联网”模式，通过跑步打卡、跑量兑换、跑鞋配捐的方式向贫困地区学生或特殊状况儿童捐赠运动鞋。这是长江商学院连续第 10 次参与戈赛公益，但不同于往年戈赛期间的“一次性”公益，“梦想跑鞋”实现了公益时间的可持续，让长江“戈友”们在备战“戈十六”的全年里，跑过的每一步都“有益”。

告别一次性公益

在长江商学院，戈壁挑战史伴随着一部戈壁公益史。

2006 年首届“玄奘之路商学院戈壁挑战赛”举办，长江商学院夺得头魁，往后每一届赛事长江商学院都不曾缺席。首届长江戈赛队员共同发起成立了长江高远户外俱乐部，把热爱运动的长江校友聚集于此，以戈赛为核心，组织参加户外跑步徒步活动。“无公益，不长江”的旗帜飘向戈壁，开辟出一片公益的土壤，往后每年戈赛期间，长江的“戈友”们都会在这里做一场公益，从民生，到环保，到教育，为当地留下公益的力量。

李英杰从 2017 年“戈十二”开始踏上戈壁，一跑上瘾。她说：“打开了人生的潘多拉盒子。”2018 年“戈十三”，长江商学院在瓜州银河长江新村开展扶贫助学公益项目，看到当地的孩子们在贫瘠的土地上快乐奔跑，开心大笑，脚上穿着的竟是一双双脏兮兮的土布鞋。酷爱跑步的李英杰看在眼里，她说：“我就在思考，如果是我来做，我能够为这个地方做点什么？我其实已经在构思这个事情了。”

· 李英杰

2020 年第 16 届戈壁挑战赛，高远户外俱乐部成立戈赛组委会，副会长李英杰成为组委会成员，负责“戈十六”公益项目及活动运营。两年前在长江新村埋下的种子重新发芽，“跑步让我改变了很多，我很想为这些可爱的孩子们送去新跑鞋”。李英杰说。

她把这个想法告诉同样酷爱跑步的长江商学院同学江上——高远户外俱乐部副会长、“戈十六”组委会竞赛部负责人，二人一拍即合，随即组成公益小组筹备公益项目。

长江戈赛公益已经持续 9 届，项目涉及在戈壁种植果木、修建水渠、自来水入户、风沙整治、扶贫助学等多个领域。常年以往，长江戈赛公益由长江高远户外俱乐部组织开展，如何在公益项目中发挥这群人的特长，成为李英杰和江上的讨论重点。“这是一群爱跑步的人，我们的公益还是希望围绕运动领域来做，这是一群企业家，有多方资源可以联结，他们本身是商业、精英人士，应该有更新的公益理念和思路，做到公益创新和公益可持续性。”李英杰说。

如何把运动、资源与公益联结起来呢？“‘戈友’共同的标签就是跑步训练，不跑步就没有体能上戈壁，那我们就想把跑步转换成打卡，用打卡的跑量对应转换成跑鞋，送给贫困地区的孩子们。”江上说。

经过设计，“梦想跑鞋”采取线上打卡、线下捐赠的模式，参与的校友 3 千米起进行线上打卡，累计 299 千米兑换一双跑鞋。李英杰找到国产运动品牌“骆驼”作为合作方，为“梦想跑鞋”生产相应数量的跑鞋。公益小组与长江各地校友组织及公益组织合作选择捐助对象，把跑

· 江上

鞋送到捐赠对象手中。如此一个三方联动的公益金三角，把“梦想跑鞋”构建成“运动 + 公益 + 互联网”的公益新模式。

2020 年 11 月，长江商学院举办“戈十六”启动仪式，“梦想跑鞋”公益项目正式与校友见面，校友从开始打卡上传跑量的那一刻起，实际上就参与了公益捐助，公益行为贯穿于戈赛筹备的全年，实现了公益时

· 长江商学院“戈十六”成都选拔赛

· 长江商学院“戈十六”启动仪式上，“梦想跑鞋”公益项目发布

间的可持续，改变了戈壁“一次性”公益的惯例。

从质疑到支持

但在实际操作中，项目并不顺利。

往年戈赛期间才开始的公益活动提前到戈赛启动就开启，公益团队的准备时间减少了很多，匆忙找外包团队设计之后，“梦想跑鞋”的小程序相当于边运行、边完善，很多功能在使用中频频出现漏洞。“同学们可能用着用着就没网了，成绩没上传成功，或者识别配速不成功等。”李英杰说，在小程序上线头两个月，这种问题十分常见，几乎每天都有。

作为企业家，在商场的规则里容错率极低。很快，同学们的质疑和投诉纷至沓来，李英杰和江上成为24小时客服。“一方面，我们要不断解答他们的问题，另一方面，我们要把问题反馈到后台，通过技术的手段去解决，让小程序升级迭代。”李英杰回忆说。

头两个月也是用户习惯养成的关键时期，过去大家跑步不需要打卡，这无疑是多出来的工作量，“增添麻烦”的同时还要面对这么多“不顺手”的状况，很容易“用脚投票”，很多人直接选择弃用。李英杰和江上深知这个道理。那段时间，两人都在不停地向大家解释，不停地完善小程序，不停地互相打气。

·“梦想跑鞋”小程序界面

“我们也动摇过，很犯难。”江上坦言，那段时间非常焦虑，觉得做了不擅长的事情，而这件不擅长的事情是自己不能解决的，他一次次问自己：我们这么做是不是太勉为其难？

李英杰也很有挫败感，“自己很认真地在做公益，却没有把它做得尽善尽美，没有得到别人的理解”。但她始终相信这件事情是有意义的，“这个世界上没有任何事情是一帆风顺、完全不出问题的，过程中的问题在过程中解决就好了”。

在江上的印象中，李英杰是更有耐

心的那一个，“只要有一个同学在群里反馈打卡遇到问题，她马上就去联系那个同学，耐心地给他解释打卡程序，不厌其烦”。江上回忆，两个人忙不过来时，他们就叫上公司的员工一起来帮忙，“工作量其实蛮大的”。

尽管已经做过多次心理建设，实际情况还是比预想的麻烦很多。“你认为不是问题的问题都会出现，也是不断妥协的过程。”江上说，最初为了保证打卡的严肃性，一直没有开放人工纠错，遇到系统识别错误的情况，只能通过管理员从后台去改，“比如你只跑了 8 千米，软件可能给你识别出 18 千米或者 3 千米，这种情况就只能反馈给后台”。问题积压，让后台压力很大，多轮纠正以后，江上和李英杰终于决定放开人工纠错。“首先还是鼓励，我们相信这是公益活动，是诚信游戏，而且又是针对长江校友的，我们就把自己修改的功能放开了，让大家自己改，我们做所谓的审核工作。”江上透露，其实到后面审核都很少了。

如今回想起那段时期，忙乱是绝对的主旋律，但也有来自外部的动力。有一次，有个同学在群里质疑小程序的用法。累积的情绪让江上沮丧到极点，直接就退群了，他后来才知道，其他同学在群里帮忙做了很多解释，“那会儿就挺感动的”。

还有一次，很多同学打卡同时遇到状况，大家在群里把问题密集地提出来，伴随着吐槽，“有一些同学比较着急，说了些不太好听的话”。李英杰回忆，在埋头不断做解释期间，收到了群里同学发来的私信，“英杰，你们又要组织戈赛，又要做公益，真的很不容易，大家还有这么多问题。但是我觉得你要这样看，他们愿意提出这些问题，说明他们是愿意支持你，愿意支持这个公益项目，哪怕增加了他们的负担……”李英杰豁然开朗，她觉得自己应该高兴，起码证明“梦想跑鞋”没有流失掉目标人群。

一场漂亮的仗

除了是公益负责人，李英杰还是“戈十六”组委会活动运营负责人，从戈赛启动到比赛的一年时间里，她组织了集训、选拔赛、出征仪式各种活动不下 10 次，每次都有两三百人参与。她把公益项目融进活动里，让每一场活动都成为“梦想跑鞋”的宣传阵地和筹款阵地。在成都选拔赛、珠海选拔赛，以及最后的瓜州比赛，分别进行一次落地捐赠。

慈善拍卖是最常用的募款方式，每一场活动，李英杰都动员校友捐赠拍品，将现场拍卖所得作为“梦想跑鞋”的善款。同学们聚在一起，

· 成都选拔赛“梦想跑鞋”拍卖现场

在欢乐热烈的气氛中就把善款募集起来了。按往期惯例，同学们都是免费参加选拔赛，在公益小组的设计之下，“戈十六”选拔赛每人收取299元的公益报名费，作为“梦想跑鞋”的募资。

2020年12月，首次捐赠在凉山州西昌绿荫学校落地，这是长江四川校友会推荐的校友定点支持学校。全校中小学生共1744人，彝族学生共1739人，90%的学生来自凉山州深度贫困区。

让大家吃惊的是，在大凉山，依然存在“女孩上学无用”的观念。“他们就不让女孩子上学，让她们早早嫁人。”李英杰说，西昌绿荫学校的特别之处在于专门成立了女子班，把一些没钱上学的女孩子收进来，通过公益捐款，让她们免费读书，接受教育。

女孩们很争气，从校长拿来的成绩单看，很多同学的入学成绩双科还不到100分，到毕业的时候，分数大幅提升。

孩子们的情况比我们想象中艰苦，他们住在用塑钢搭建的宿舍棚区，很多人挤在一起，12月的天气里，被褥还非常单薄，生活用品也极其简陋。“看到这些以后，我挺难受的，觉得还有很多需要帮助的人。”李英杰感慨，“而且这些小朋友还那么积极地在学习。”江上补充道。

虽然说条件不好，学校的吃、穿、住基本物资保障也没有大问题，不至于吃不饱、穿不暖，李英杰希望带给孩子们更多的是一些精神鼓励。“其实你说一双小小的鞋子，它究竟能够发挥多大的作用？我觉得没有办法去评判。”李英杰说，但她希望通过这种方式，让孩子们知道他们没有被遗忘，有很多人在关心他们，在心理上和精神上对他们有一种积极向上的引导力量，“我觉得这是很关键的”。

· 西昌绿荫小学“梦想跑鞋”发放现场

爱好户外和跑步的人大多有积极向上的气质。江上希望通过送一双跑鞋，让孩子们也能够运动起来，培养运动爱好，点燃对生活的热爱，拥有改变命运的决心。“被爱过、被鼓励过的孩子，不仅自己可以产生实现梦想的勇气，也会学会如何去关爱别人、帮助别人，这样就会形成一个爱的正向反馈机制。”李英杰说，这也是“梦想跑鞋”的寓意所在。

绿荫学校之行，江上带上摄影团队记录了整个过程，当捐赠数据、文章、视频通过视频号、公众号发布出来以后，大家看到了落地成果，针对项目的质疑很快散去，理解多了起来，“私底下有很多同学就说，江上、英杰，你们这个项目非常好，我们也愿意参加这个活动，也会尽自己的力”。江上回忆，哪怕小程序打卡时不时还是会出点小问题，但是大家的积极性明显提高了，群里再有问题出现，帮忙解释的人也多了起来。“这种认同感，我觉得是对这个项目最大的认可。”江上说，“那一刻还挺值得，我觉得打了一场漂亮的仗”。

活动之后，李英杰又和校友回到绿荫学校，捐赠了一个“巾帼班”，负责全班50个女孩三年的学费。那一次返校，李英杰看到孩子们在操场上打篮球，脚下穿的正是“梦想跑鞋”，她拍了一张照片发到群里并说道：“她们穿着我们的鞋子在打篮球呢。”

成为模板

一年时间，“梦想跑鞋”获得线上2247人跑步打卡记录，累计跑量1055547千米，线下捐赠4426双跑鞋。因为新冠肺炎疫情影响，西昌绿荫学校的1744双跑鞋成为唯一到场的落地捐赠；2021年1月，956双跑鞋委托给珠海当地的公益机构转交学校；2021年5月，1950双梦想跑鞋交付瓜州县教育局，由他们分配给瓜州偏远学校的孩子们。

三场捐赠结束，“戈十六”组委会请北京颂石会计师事务所对“梦想跑鞋”项目的收支进行了审计，整个项目共获得校友捐赠619497元，项目支出为小程序开发、瓜州捐赠鞋品采购以及运输费等，合计624100元，差额4603元由“戈十六”组委会补齐。公益小组把审计报告通过“长江高远户外联盟”公众号公布，为“戈十六”的公益项目圆满画上句号。

·“梦想跑鞋”项目在珠海捐赠

回想“梦想跑鞋”项目实施过程，李英杰总结为“从一个人的初心，到一群人的想法，再到一大群校友的积极行动”。尽管过程中遇到不少质疑和难题，但对于不是专业公益人的自己，能够获得这么多的理解和支持，她已经知足。

在设计项目的时候，李英杰就认为这是一个“鼓励自己、他人受益”的公益模式。“一方只是单纯地付出、单纯地捐钱，另一方单纯地接受，我觉得这并不叫公益，只有对参加的任何一方都好，这才叫公益。”李英杰说，“梦想跑鞋”正是如此，一方面号召更多同学们、校友们运动起来，形成运动习惯，拥有健康体魄，另一方面这种健康的生活方式又演变为公益活动，运动越多，就有越多人得到帮助。

很显然，同学们也领会到其中的奥义，用运动打卡参与公益，是双向回馈机制。“所以同学们都非常认可这种模式。”李英杰说，项目捐赠告一段落，但校友们的打卡习惯已经养成，“梦想跑鞋”小程序上，很多同学还在努力积累自己的里程数，时不时比比配速和心率。只不过，小程序的“捐款”和兑换跑鞋的通道暂时处于关闭状态，“这一期捐赠就完结了，但这个项目其实可以持续做下去，如果以后再启动，同样的模式可以继续”。

在获得参与校友们和受助孩子们认可的同时，“梦想跑鞋”也得到了长江商学院和戈赛组委会的认可，项目获得第七届长江公益奖，还从参加“戈十六”的 48 家商学院的公益项目中脱颖而出，获得“戈十六”年度唯一公益大奖。

·“梦想跑鞋”项目获得“戈十六”公益大奖

10 年戈赛公益路，“长江人”一直在思考和总结，如何让戈赛衍生出来的公益项目更具时间上的可持续性和参与上的广泛性，以发挥更大的影响力。“戈十六”“梦想跑鞋”公益项目做出的“运动 + 公益 + 互联网”的模式，很好地突破了这两大难题。线上打卡打破了时空限制，使参与者更加便捷无障碍地参与公益，公益时间从 4 天延续为全年，戈赛公益的壁垒也因此被打破，参与者从长江“戈友”扩充至长江校友间。

“戈十六”落幕，“梦想跑鞋”告一段落，但“运动 + 公益 + 互联网”的公益模板留在了长江高远户外俱乐部，“长江高远户外俱乐部后来的公益项目都采用这种模式”。李英杰说。

对话长江高远户外俱乐部副会长、“戈十六”公益负责人、EMBA 31 期校友　李英杰

问：您从什么时候开始跑步的？

李英杰：我先读了重庆大学的 EMBA，“戈十二”举办时我就跟着重大同学一起上戈壁，那时候完全是小白，不跑步，去了 C 队以后在终点迎接 A 队和 B 队，看到 A 队那种要为院校争得荣誉、拼了命也要坚持跑完的拼搏精神，发现原来还有这样的人生，就下定决心冲到 A 队，回去以后就开始跑步，“戈十三”举办时我就代表重大去了 A 队。“戈十四”举办期间我就来长江了，“戈十五”期间我是长江 B 队负责人，“戈十六”就是公益负责人了。

问：参加了戈赛之后，对您来说跑步成了一个固定项目吗？

李英杰：对，很多人都会，就像开启了人生的潘多拉盒子，发现原来人生还有这样的生活方式，参加了C队就有可能去冲B队，这是一个进阶，很多同学参加了B队就要去冲到A队，又是一个进阶，大家基本养成了跑步的习惯。

问：“戈友”都要参加长江商学院的公益活动吗？

李英杰：凡是长江商学院参加戈赛肯定会有一个公益项目，当届的队员不出意外都要参加，在“戈十六”之前公益主要由C队来完成，因为C队时间多，自“戈十六”开始就全员参加了。

问：什么机缘开始负责“梦想跑鞋”项目？

李英杰：我是做企业的，在做企业的过程中一直在做公益慈善，包括助学、助贫、产业扶贫，我一直有这个情怀，到长江（商学院）之后，因为长江（商学院）的理念是“无公益，不长江”，我们学习了朱睿教授的公益可持续性课程，还有很多教授讲的公益课程，让我对公益模式有了一些新思考。前面说“戈十六”期间我是长江戈赛组委会的成员，受我们组委会主席的委托，让我来做公益的事情。所以我是基于一直参加比赛，看到一些需求，加上自己之前的公益积累，以及长江公益知识的学习，最后形成了这样一个项目。

问：“梦想跑鞋”是您第一次从0到1完全负责一个公益项目吗？

李英杰：不完全是第一个，算是时间跨度最长，模式最为创新，最完整、完备，我投入精力最多、付出心血最大的一个。

问：你们如何选择运动合作鞋品牌？

李英杰：我们当时考虑针对乡村小孩还是以实用性和经济性为主，国际大牌反而不适合他们，所以选品的时候，我们首先选择国产品牌，其次品质和性价比要高，骆驼比较知名，企业负责人又是长江的校友，所以就选了它。

问：项目筹款有哪些形式？

李英杰：分几个方面，有活动上的募资，比如同学赞助一些拍品，拍卖所得作为善款；有公益报名费，我们每一站有选拔赛，参赛是免费的，但我们会收取299元的公益报名费作为募资；还有一些同学的赞助，以及同学们打卡的时候也会在小程序上捐款。

问：捐赠学校是怎么选出来的？

李英杰：几站都不一样，第一站西昌，我们是直接找的学校，四川校友会帮我们联系到这个学校，这是四川校友会定点支持的学校。第二站珠海，因为我们的一位校友是当地慈善总会的负责人，她就跟当地慈善总会联系，然后找到学校。第三站敦煌，我们是跟当地教育局取得联系，然后找学校。

我们的理念是找那些更有发言权的，知道什么地方需要帮助的机构去对接，而且是当地官方机构，比如说慈善机构、公益机构或者教育机构，有一定的权威性保障，也是对同学们的交代，让他们知道我们是如何做事的。

问：跟第一次西昌绿荫学校全体同学人手一双跑鞋不同，第二次珠海捐赠的956双跑鞋涉及8所小学，这些捐赠对象是怎么选的？

李英杰：珠海相对来说条件要好一点，我们是在珠海下面的区找到镇上的小学，不是中心校，相对来讲条件没有那么好的学校，找到真正需要帮助的学生，所以捐赠就比较分散。

问：捐赠的对象、学校有给过您印象深刻的反馈吗？

李英杰：绿荫学校的王校长是一位女校长，她也觉得我们给了孩子们很大的精神鼓励，她跟同学们说，虽然你们的条件不是很好，但是有这么多的叔叔阿姨在关心你们，给你们送来的每样东西都代表着一些期望和期许，就是希望你们好好学习。这次叔叔阿姨给你们送来鞋子，是希望你们能够在学习的同时多做运动，拥有健康的体魄，培养自己的兴趣爱好，而且他们想告诉你们，虽然你们在大山里，但是只要肯努力，就一定会走出去。我觉得讲得非常好，也是我们想表达的意思。我们把跑鞋送给他们之后，校长后来还给我们拍了很多照片，都是穿着我们跑鞋运动的一些场面，说孩子们很高兴。

问：“梦想跑鞋”项目中，您得到哪些支持比较关键或难得？

李英杰：首先，学校很支持，我们咨询了长江商学院助理院长杨晓燕女士，她很认可我们的项目，还帮我们沟通对接了一些体育品牌厂商，给了非常大的支持。

其次，长江高远户外俱乐部的会长康凯，也是我们“戈十六”组委会主席，他非常支持我，基本上是全权授权我在做这个事情。他认为这个模式非常好，觉得“运动＋公益＋互联网”的结合以后要进行下去，之后长江高远户外俱乐部做的公益项目都在采取这种模式，比如今年（2022年）做了一个“520公益马拉松”，也是号召长江校友来报名参与，跑5千米、10千米、半马、全马进行打卡，同时也有报名费的捐赠，有52块钱、520块钱、5200块钱三种选择，所有筹款最后捐给了上海精神卫生中心，为封城中的上海人民提供心理咨询和心理援助，这就是源于“梦想跑鞋”的模式。

最后，同学们的参与非常关键，过程中大家会有一些建议和意见，但总体来说都非常的配合，也很认可和支持我们的项目，让我觉得非常感动。

问：哪些肯定让您觉得最有成就感？

李英杰：同学们的肯定和受帮助的孩子们的肯定让我最有成就感，作为公益项目，我的目的并不是说要去得到什么褒奖，最重要的还是得到 项目的参与方和受助对象的认可，最后获得奖项是顺其自然的事情。

问：在项目进展过程中，谁给过什么建议让您觉得特别关键？

李英杰：项目快结束的时候，分管我们长江高远户外俱乐部的老师跟我说，做公益一方面得有好心，另一方面也得要让大家看得清清楚楚、明明白白。因为我们不是专业的公益基金会，我们募资没有合规渠道，只是说同学们有这个心意，把钱打到指定账号，然后我们把这笔钱捐出去。在老师的建议下，我们请了北京颂石会计师事务所对整个项目做了全面审计，并把审计报告在我们的公众号进行公布。

问：您做了很多年、很多类型的公益，做公益给您带来了什么？

李英杰：我觉得更多是一些心理和精神层面的东西，做公益会带来很多积极的正面反馈，还有一些精神层面的富足，帮到别人一定会让你产生很大的满足感。

对话长江高远户外俱乐部副会长、“戈十六”竞赛部负责人、EMBA 27 期学员　江上

问：您什么时候开始参加戈赛，什么时候开始参加戈赛公益？

江上：我“戈十一”期间就参赛了，那会儿也参加公益，但到“戈十六”举办的时候才正儿八经有自己的想法，决定去做一个适合我们户外人的公益活动。

问：“梦想跑鞋”项目有很多创新点，您和英杰在沟通过程中，是怎么考虑做创新的？

江上：我们也反复讨论过。我们参加戈赛都要参加戈赛相关的公益活动，但只是被动交几百块钱，也没有特别关注到项目本身，我觉得这跟我在长江学到的公益课理念不吻合，公益并不代表要募集多少钱，更多的是把你倡导的公益项目传递给更多人，让更多人愿意用一分钱、一块钱来认可你的公益行为。

我当时跟英杰沟通，戈壁挑战赛是一个户外跑步活动，就针对跑步人群和热爱公益的人群，在长江商学院做一个有最多同学参与的项目。因为连接“戈友”的就是跑步，不管跑得多也好，跑得少也好，肯定是要跑的，不跑步上戈壁就没有体能，那我们就要把跑步转换成每个人都要打卡，那就用跑量来对应转换成跑鞋。为什么要用跑鞋？也是考虑到我们都是跑步的人，都比较积极向上，或者比较开朗，可以给小朋友带来很多鼓励。

问：您在“梦想跑鞋”项目主要负责哪些事情？

江上：我主要做前期小程序的开发，对接外包团队，还有落地执行的一些事情，比如每一次选拔赛我们就把公益做重点宣传和实时跟进，要求大家身体力行地做公益，同时尽量传播我们的公益理念，每场选拔赛都在做，大家也接受认可。

问：从想法到落地的过程中都遇到过什么困难？

江上：太多了，毕竟我们不是科班出身，也不是做计算机相关的，小程序上线的时候对各种截图的识别率不够，出现了很多投诉，大家的反应不好，觉得很麻烦，增加了很多工作量。我们那时候基本成为24小时的客服人员，给予同学细致的操作指导，把意见汇总。我印象特别深，当时我们两个非常焦虑，压力特别大，最后靠互相支持、互相打气才坚持下来。

问：汇总后的意见都是如何处理的呢？

江上：不停地修改碰到的问题，不停地改漏洞，不停地修改小程序，你认为不是问题的问题都会出现，也是不断妥协的过程，有一些功能不能以自己想的为主，肯定是要考虑绝大多数人的使用习惯。

问：从什么时候开始出现明显转折？

江上：在我们第一次落地捐赠时，四川校友会反馈他们长期扶贫的学校需要跑鞋，我们最先计划准备送1000双跑鞋给这个学校，学校校长跟英杰沟通，说学校有1700多名学生不好分，要不都送吧，我们就决定每个学生都送一双。

到绿荫学校捐赠的时候，我们同事带摄影团队记录了整个过程，当我们把捐赠的数据、文章、视频通过视频号、公众号发布出来的时候，私底下有很多同学就说，江上、英杰，你们这个项目非常好，我们也更愿意参加这个活动，也会尽自己的力。后来打卡活动还是出现各种小问题，还是有同学在群里表达不理解，其他同学就会帮忙解释，就挺感动的，这种认同感，我觉得是对项目最大的认可。

问：受到过哪些肯定和评价让您觉得特别开心、特别值得？

江上：我跟朱睿教授沟通，我说这几年书没白读，从商业向善这一门课的时候我就埋下了种子，我终于把公益带到了我擅长的领域，带到了跑步圈。然后我就报告了相关的数据。朱教授非常开心，她说这个创意和创新大家是认可的，以前捐钱的公益活动有很多，但这种身体力行，同时能传播的并不多，我觉得对我来说，这应该算是打了一场比较漂亮的仗吧。

撰文　谢舒

案例点评

“梦想跑鞋”项目秉承了“无公益，不长江”理念，围绕“运动 + 公益 + 互联网”三大要素，从“四个精准”着力项目设计和后续的开展。

第一，需求识别精准。如何识别出公益项目中两大利益相关方（受益群体与捐赠群体）的需求，以及将两者的需求有效衔接，是公益项目可持续发展的基础。乡村孩子已经解决“有鞋穿”的问题，但存在缺少运动“跑鞋”需求。跑鞋捐赠有内容标准、捐赠额度小、可重复捐赠的特点，能有效匹配“戈友”的捐赠需求。

第二，资源动员精准。持续性动员“戈友”群体参与项目的关键在于参与的便捷性与良好的体验感。“梦想跑鞋”项目开发运动 App，应用互联网技术很好地满足了这一需求。App 功能不断优化，达到能对标市场的商业化产品的质量，良好的体验让运动公益变成了一种日常生活方式，实现了捐赠的可持续性。

第三，受益人选择精准。四川大凉山是脱贫攻坚的主战场，也是乡村振兴的主战场。王荣惠校长在 1999 年创办西昌市绿荫学校，主要服务来自凉山州各县到西昌打工家庭的孩子，特别设立“女子班”，让这些女孩子不仅有学上，而且能上好学，打造“少数民族第一公益学校”。这些孩子的家庭经济条件相对比较差，“梦想跑鞋”项目精准地确定了绿荫学校和这些孩子作为帮扶对象。

第四，项目管理精准。项目流程清晰、材料完整、反馈及时、财务透明是打造项目公信力的重点。“梦想跑鞋”项目在实施过程中，特别注重“过程全记录、成果全展示、财务全透明”，让参与者看到了落地成果。特别是项目财务部分，聘请专业会计师事务所做专项审计，通过公众号对外发布，各个环节精准管理，不断增加项目的公信力。

四个精准以及精益求精抓细节，让“梦想跑鞋”项目成为多方参与、多方受益的可持续性公益品牌项目。

刘文奎（长江 EMBA 37 期校友、中国乡村发展基金会常务副理事长）

筑爱助残　圆就业梦

体育运动＋公益＋残障赋能

2021 年 5 月 15 日，长江商学院北京校友会第四届夏季傲运会（以下简称傲运会）启动，得到了长江商学院各校友组织的关注。“傲运会”与“奥运会”一字之差，形式相同，但却创新地与公益融为一体。

自 2017 年开始，傲运会每一年都会吸引上千名长江商学院的老师和校友及其家属一起参加。这个属于长江商学院北京校友的运动会，参赛者参赛并发起公益捐赠，不仅锻炼了身体，加深了校友之间的交流，也通过一种趣味形式践行了公益。

傲运会的 N×400 米接力是历年历届保留的传统公益项目，北京校友会依据所有长江校友在规定时间内的跑步里程数总和进行公益捐赠，按照 1 米 1 元钱的标准，以每一位参赛校友和其家属的名义向北京市残疾人基金会捐款。

截至 2020 年，我国已有 37806899 人次办理残疾人证。然而，在日常生活中，我们很难在公众场合中看到残疾人群体的身影。由于城市中各项基础设施仍有不完善之处，残疾人群体大部分时间待在家中，就业也成了棘手的问题。

2021 年，北京市残疾人福利基金会发起 We+ 多元人群综合性赋能平台，希望通过该平台帮助更多残疾人找到适合自己的就业机会，也让公众了解这个群体的不易。自 2013 年起，长江商学院北京校友会就积极投入北京残疾人帮扶救助的公益事业中。在 We+ 多元人群综合性赋能平台设立之初，北京校友会的同学们就积极参与进来，希望能够持续帮助残疾人群体。

健康风尚 傲运长江

2017 年 6 月 11 日，午后的鸟巢刚刚经历了一场大雨。体育场内，被雨水冲刷后的草坪散发出阵阵清香。下午 3 点，天气转晴，由北京校友会主办的长江商学院校友第一届夏季傲运会如期开幕，上千名长江商学院的校友、老师及其家属在鸟巢相聚，参加属于他们自己的运动会。在简短的开幕致辞后，11 位长江校友在跑道上传递着代表奥运精神的火炬。他们都是曾经参与戈壁挑战赛的长江商学院校友代表们，分别来自每一届戈壁挑战赛，是从“戈一”到“戈十一”的见证者。因此，校友们手中的火炬也诠释和传承着长江校友们永不放弃的精神。

火炬在 11 位长江校友的传递下绕场一周。随后长江商学院北京校友会时任会长沈国军宣布长江商学院第一届夏季傲运会正式开幕。不仅有开幕致辞、火炬传递等环节，北京校友会为了让同学们真正融入其中，还通过校友们各自组队的方式举行了入场仪式。校友们或以几个家庭为单位，或是以班级为单位分别组队参赛。这不仅增进了校友之间的友谊，也让长江校友们的家属感受到了大家庭的温暖。回想起过往几届的夏季傲运会，长江商学院北京校友会的常务副会长、智度集团合伙人武楗棠认为，这是一个长江商学院校友的大聚会，不仅体现了长江“健康风尚”的校风，还在这个过程中践行了“无公益，不长江”的理念。

从第一届长江商学院校友夏季傲运会起，不仅有传统的 4×100 米接力跑、4×400 米接力跑、划船接力赛，拔河比赛等项目，还专门设立了公益接力跑环节。在公益接力跑中，长江校友们各自组队，在规定时间内进行循环接力。比赛结束后，校友们通过接力跑所完成的里程数就是公益捐赠的数额。1 米等同于 1 元，校友们跑得越多，捐赠的数额就越高。在公益接力跑的赛场上，不仅检验了大家平时锻炼的成果，还激励了参赛者为公益贡献力量的信心。

· 长江校友接力跑

尽管大家平时的工作繁忙，但学校中良好的氛围也让更多同学理解了运动的意义。虽然只是临时组队，校友们也并非专业运动员，却在夏季傲运会的比赛场上展现出了拼搏的体育精神。

2018年6月，长江商学院校友第二届夏季傲运会如期举行。这一次，不仅北京校友会的同学们积极参与，四川、陕西、福建、黑龙江、辽宁、吉林、天津等地的校友会也组队参加。大家日常参与的高尔夫俱乐部、羽毛球俱乐部等校友组织也都积极参与。傲运会设立了趣味运动、亲子运动、公益跑等项目。

善行，行善

实际上早从2013年开始，长江商学院北京校友会就通过跑步健身的方式做公益。2013年，长江商学院北京校友会携手北京市残疾人福利基金会，以“善·行”为主题，以运动助残的方式，在北京奥林匹克森林公园举办长江商学院北京校友会公益长走活动，号召校友奉献爱心，筹集善款捐赠给北京市残疾人福利基金会，用于长江商学院北京校友会“善·行”公益项目，定向资助北京市1000名残疾贫困在校生每人每年1000元的学习生活补贴。2013年和2014年，长江校友和校友家庭共计筹集善款245.7万元，善款已通过北京市残疾人福利基金会全部发放至北京市贫困残疾在校生，达2000人次受益。

在长江商学院北京校友会常务副会长武楗棠看来，举办活动的初衷很简单：希望通过这样的公益活动让更多人了解残疾人群体的不易。他坦言，在举办公益长走活动之前，对残障人士的情况并不了解，也不清楚他们的具体困难。公益长走活动中，北京市残疾人福利基金会会邀请一些残障人士一起参与，武楗棠对此印象深刻。他发现，在日常生活中残障人士很少在公众场合活动，社会对这个群体并不了解。在北京奥森公园举行公益活动的几年间，武楗棠感受到他们的顽强与努力，对他们勇于克服困难的精神十分钦佩。在这之后，他每年都参与长江商学院北京校友会的公益活动，希望能够通过自己的参与帮助残障人士。

2019 年 6 月的第三届夏季傲运会以“超级英雄”为亮点，28 支队伍中，有人身着明星足球队服，也有校友化身漫威超级英雄，或以动漫形象登场，始终秉承“终身学习、健康风尚、践行公益”校友文化的长江同学们，不仅以自省、自强和自律，成各行各业的“冠军”，还能够身体力行践行公益，帮助他人，成了自己、家庭乃至社会的“超级英雄”。主办方北京校友会希望通过别样的主题设置，让参赛者能够更好地参与比赛，暂时卸下平日的压力，和家人朋友一起放松，还能够在轻松的氛围中做公益。

在保留项目“爱奔跑 · 为爱奔跑”公益接力赛中，一共有 19 支队伍参与，北京校友会按照每一支队伍在规定时间内的跑步里程数进行公益捐赠，每向前奔跑一步，都是长江同学们为公益多贡献的一分力量。在这次公益跑中，长江校友们累计奔跑 196 圈，共 78.4 千米。因

· 长江商学院北京校友“爱奔跑 · 为爱奔跑”颁奖

· 长江商学院北京校友“爱奔跑 · 为爱奔跑”合影

此，北京校友会则以 78400 元的数额捐赠至北京市残疾人福利基金会，专款用于残疾人群体。

2021 年，第四届夏季奥运会重启。由于新冠肺炎疫情阔别两年，但长江校友们的参与热情不减，一共有 25 支参赛队伍参加比赛。在公益跑环节中，长江校友共跑出 583 圈、233.2 千米的好成绩，北京校友会向北京市残疾人福利基金会捐出 23.32 万元，用于残疾人就业指导培训。北京校友会坚持此项公益活动已有 6 年，所有长江北京校友共同参与，组织服务团队成员亲力亲为，进行残疾人就业、创业辅导指导。

多元赋能　助残就业

2021 年 12 月 5 日，以“公益助残、商业向善”为主题的多元人群创业就业思享会在北京举行。在会上，北京师范大学中国公益研究院院长王振耀认为，要根据中国国情探索慈善公益道路，加强街道社区、基金会、爱心企业和社会组织的有机联动，同商共建，把 We+ 多元人群创业就业孵化基地做成有全国影响力的残健融合创业就业项目。

长江商学院北京校友会联合北京市残疾人福利基金会希望为残疾人提供与能力相适应的、相对自主的就业岗位和创业机会，使残疾人在务工的同时不断提升自我能力；利用互联网高科技技术提高效率、降低成本；使残疾人能够在创造经济价值的同时，形成社会正能量，带动和影响周边人群，实现自我价值；加强残疾人福利，解决社会问题，最终实现可持续发展。目前连续两年举办北京残疾青年融合创业大赛，评选出 12 个残疾人创业项目，成功孵化 We+ 多元人群综合性赋能平台。

北京市残疾人福利基金会建立 We+ 多元人群综合性赋能平台，希望通过这样融合的方式，以残疾人就业需求为导向，深入探索“政府引领、基金会助力、社会协同、公众参与”的多元化创业就业机制和模

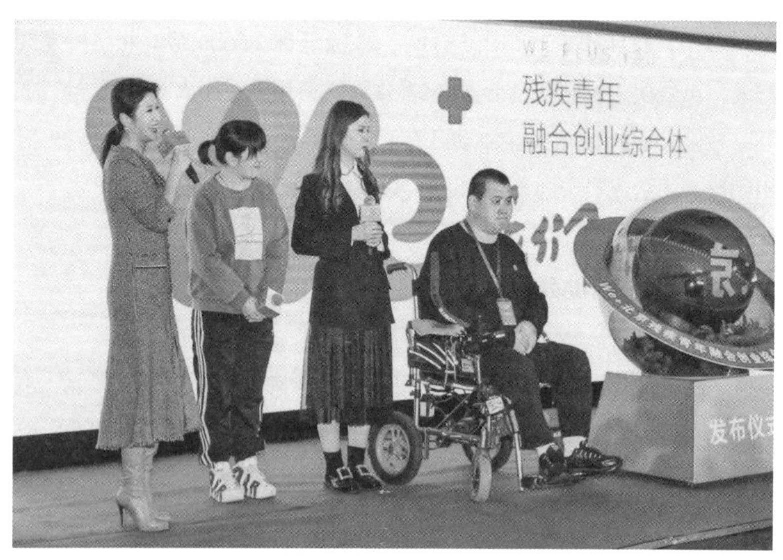

· We+ 多元人群综合性赋能平台，助力残疾人创业就业

式，打造残疾人创业就业服务新格局。

武楗棠介绍，长江商学院北京校友会长期关注残障人士事业发展，在 We+ 多元人群综合性赋能平台建立过程中将积极参与，帮助残障人士就业创业。We+ 多元人群创业就业孵化基地坐落于北京的双井地区，建筑面积约 1500 平方米，设立理发室、健身房、美发室等残疾人可再就业的功能区域。长江商学院北京校友会为孵化基地购买所需器材。武楗棠和校友们希望通过支持残障人士就业平台，让这个群体找到创业就业机会，帮助他们更好地与社会接触，在社会立足。

体育运动＋公益＋残障赋能，越来越具有创新力，也越来越受到各方好评。2021 年，该项目成功获得“第七届长江公益奖年度长江公益项目”。

对话长江商学院北京校友会常务副会长　武楗棠

问：您参与残障人士相关的公益活动这么多年有什么感触？

武楗棠：在没接触残障人士之前，我并不知道在中国这个群体的数量这么庞大。后来，我通过公益跑等活动逐渐发现，这个群体的人数很多，但平时不被关注。因为城市基础设施并不完善，残障人士往往很少出门走动。在社会上，也少有适合他们就业的机会。其实，他们非常需要社会的关注和帮助。长江商学院北京校友会和北京市残疾人福利基金会合作多年，每年举办夏季傲运会都会设立“公益跑”项目，就能够通过校友们的实际行动向基金会提供捐赠。校友们也希望把这件事情持续地做下去。

问：为什么希望通过举办运动会的形式来做公益？

武楗棠：我是2011年入学长江商学院的。从一开始上课时，长江的老师就告诉我们要持续学习，坚持锻炼，多参与公益。因此，我们想把健康运动和公益活动结合在一起。由此，长江的校友、老师不仅锻炼了身体，建立了更深厚的联系，还通过趣味的方式参与了公益。今年，夏季傲运会因为新冠肺炎疫情影响还没有举办。但我们希望这个运动会可以继续办下去，让更多长江校友参与进来。

问：您做公益多年，对公益有什么不同的理解？

武楗棠：我觉得公益这件事需要全社会的参与。在长江商学院，我们有很多企业家，大家的家境可能更殷实，也有更多资源和能力去帮助一些人。我们就想尽我们所能去做。当然，大多数情况下，还是我们配合政府去做一些事情。

北京校友会关注残疾人群体的公益项目比较多。我自己感觉，现在社会对于残疾人的影响力和带动作用还是不够的。所以我们就以校友会的名义经常做一些这方面的讨论，然后和北京市残联一起讨论，校友有好的方案也可以提出来。我记得当时我们提过一个方案：在公交车上下车的地方加上方便残疾人使用轮椅的踏板。但因为北京市政府已经着手在做这件事了，我们就没有再参与。但类似这样的小事很多，校友们很热心，平时看到关于残疾人群体的新闻也会格外关注。

问：您自己做公益多年，可以分享一下其他公益故事吗？

武樾棠：十几年前我们就到湖南山区里做一些助学的活动。我记得当时看到很多孩子都要走几十里的山路去上学，吃不饱，穿得也不好。我和几个校友给当地学校捐建了食堂宿舍和教学楼，捐助了 50 多名家庭困难的学生从小学到初中、高中直到大学的生活费和学费。现在还有很多比较贫困的地方，多数孩子没有父母的陪伴，是留守儿童。他们确实需要很多人的关注和帮扶。

撰文　吴可言

案例点评

“无公益，不长江”，但如何让长江校友的公益活动有趣，吸引更多校友参与、可持续，能够长期坚持下来，需要科学设计和不断创新探索。

长江商学院北京校友会连续四届坚持举办的傲运会，坚持“体育运动＋公益＋残障赋能”的理念，参赛者健康参赛并发起公益捐赠，支持残障人士事业，不仅锻炼了身体，加深了校友之间的交流，也通过这种趣味形式践行了公益。2021 年，该项目成功获得“第七届长江公益奖年度长江公益项目”。分析这个获奖项目，其创新点有以下三点。

一是项目为受者和捐者都创造了价值。德鲁克把非营利组织的客户分为首要客户和支持客户。傲运会及“善·行”项目把残障人士作为首要客户、主要帮扶对象，让他们得到资金和就业帮扶，而长江校友作为支持客户、捐赠人，通过在享受健康运动快乐的同时，也享受帮助他人的快乐。一个公益活动让捐方和受者的需求都得到满足，让参与者双方都可以创造价值，增加了社会的幸福指数！

二是活动设计快乐简便。傲运会的 $N \times 400$ 米接力，按照 1 米 1 元钱的标准，以每一位参赛校友和其家属的名义向北京市残疾人基金会捐款。校友们接力跑所完成的里程数就是公益捐赠的数额。1 米相当于 1 元，校友们跑得越多，捐赠的数额就越高。在公益接力跑的赛场上，不仅考验了校友们平时锻炼的成果，还激励了参赛者为公益贡献力量的信心。这种公益活动设计的形式，易于接受和理解，可以植入很多趣味运动的快乐元素。

三是实现了可持续。北京校友会自 2013 年起就通过跑步健身的方式做公益。从“善 · 行”到傲运会“超级英雄”，到“为爱奔跑”公益接力赛，现在已经形成“体育运动 + 公益 + 残障赋能”的运动公益的成熟理念，项目能够坚持七八年，吸引越来越多的校友参加，说明该项目越来越具有创新力和影响力。

刘选国（长江 EMBA 15 期校友、红十字国际学院副院长）

小海豚听障儿童合唱团

用歌声治愈心灵，滋养力量

在遇到天津小海豚听障儿童合唱团（以下简称小海豚合唱团）之前，长江商学院 EMBA 28 期校友、宝岛车业集团总裁杨波从未想过，处于不利境遇的儿童还能是这般自信快乐的样子，与此前他在困境儿童脸上见到的忧郁截然不同。

被童真的快乐所打动，被合唱带来的价值所感染，2017 年时任长江商学院天津校友会副秘书长的杨晓峰将小海豚合唱团推荐给天津校友会，小海豚合唱团此后成为天津校友会资助至今的公益项目。

小海豚合唱团项目荣获长江商学院“长江公益奖”，长江商学院校

· 小海豚合唱团

友们被这群听障儿童的故事与歌声打动。在杨波看来，小海豚合唱团不仅是一个公益项目，更是一种直面心灵的深度陪伴和社会支持。

“奇迹”的诞生

2017 年，杨晓峰带领长江商学院拓展队走进小海豚合唱团之前，小海豚合唱团在天津已有一定的名气。

2014 年 11 月 8 日，天津市残疾人文艺体育训练中心老师肖玲发起成立小海豚听障儿童合唱团。而这背后，却是一个令人感到心酸的故事。在残疾人训练中心工作的肖玲，生下了一个被诊断为有听力障碍的孩子。备受打击之际，肖玲想要做点什么，便萌生了发起听障儿童合唱团的想法。她希望借由艺术来疗愈听障孩子内心的创伤，辅助他们从内心滋生力量，以便将来长大后可以更好地融入社会。

成立一支合唱团本就不易，何况是成员均为听障儿童的特殊队伍。肖玲四处寻求可加入这番事业的同行者。她找到天津歌舞剧院国家一级作曲家张如昕。张如昕被她的初心打动，不仅承诺支持，还发动好友、学生一同帮忙。很快，四位有志于艺术的志愿者在天津一家饭馆一拍即合，宣告小海豚合唱团正式成立。

首期小海豚合唱团由八位听障儿童组成，天津歌舞剧院国家一级作曲家张如昕担任合唱团艺术总监，他被孩子们亲切地称为“姥爷”。然而，教授一群听障孩子学会合唱，远比想象中还难。

小海豚合唱团的听障孩子进行日常交流需要依靠被植入的人工耳蜗，这一科技产品虽然帮助孩子们消除了交流障碍，但通过科技模拟人耳声场，孩子们实际上听到的声音与其他人听到的自然声音存在不小差别，音频曲线存在多处缺失。

这导致孩子们虽然能日常讲话，却很难精准把握合唱所需要的基本概念。譬如，孩子们无法准确理解音阶、情感强弱，无法准确跟上老师们的声音状态。为此，老师们创造了“手势教学法”，他们站在高凳上，以手势的高低上下来引导孩子们理解音律。通常掌握一个音，孩子们要花费几个月时间。经过利用业余时间进行的大量排练，孩子们终于明白了音阶是怎么一回事。

为适应孩子们对音律特殊的感知和理解，天津歌舞剧院国家一级作曲家张如昕为孩子们量身打造一系列原创歌曲，如《叫醒耳朵》《我行你也行》《好人加油》等。

尽管如此，孩子们的提升并不明显，为此老师们加大排练强度，除去每周六的线下排练，增设每日晚七点至十点为固定线上排练时间。练习量加大后，孩子们的进步日趋明显。

孩子们的“姥爷”张如昕，不仅是天津歌舞剧院国家一级作曲家，还是南开大学合唱团艺术顾问，他曾多次带领南开大学合唱团登上世界合唱舞台，创造出多项佳绩。在他心底一直埋藏着一个愿望，那就是希望有一天可以带领小海豚合唱团登上世界舞台歌唱。

这一天终于到来了。2016 年，小海豚合唱团成立 20 个月后，小海豚合唱团参加了俄罗斯索契世界合唱节。在报名环节，听说这是一个来自中国的听障儿童合唱团，合唱节组委会感到不可思议，甚至还专派一位工作人员到天津核实情况。

2016 年 7 月，在俄罗斯索契世界合唱节的舞台上，“小海豚”们穿着传统民族服装，以一曲中国风的《小鲤鱼跳龙门》，一举夺得大赛银奖。这个奖项的意义非比寻常，这意味着首次有听障的孩子在世界合唱奥林匹克舞台上拿到银牌。同时，为表彰孩子们传达的不凡精神，小海豚合唱团还获得“和平友谊特别奖”。

杨晓峰还记得，此前在斯坦福大学交流时，他提过听障儿童组建合唱团的故事，一位专门研究听障领域的医学博士曾断然跟他讲，“这是不可能的事”。然而“奇迹”诞生了，“小海豚”们不仅学会了合唱，还在“合唱界奥林匹克”舞台上获得了国际认可。

此后，小海豚合唱团声名在外，受邀参加德国勃拉姆斯合唱节演出荣获银奖，荣获国际文化交流基金会“合唱发展促进基金”2017 年度特别支持鼓励奖；不久，小海豚合唱团又在法兰克福总领事馆受到总领事及夫人的接见，并获得了世界文化基金组织青年合唱资助项目的表彰；在瑞士，“小海豚”们拜访一家知名耳蜗公司的瑞士总部，以演唱的方式向科学家们致敬。国内外媒体也纷纷报道，小海豚合唱团成了天津的文化名片。

· 小海豚合唱团受邀参加节目

一场心灵陪伴之旅

2017 年 4 月，长江商学院 EMBA 28 期学员杨晓峰带领拓展队同学走进小海豚合唱团，与这群听障孩子面对面交流。活动在杨晓峰的互联网科技公司举办，“小海豚”们带来了七段触动人心的合唱表演。在场的企业家校友们深受触动，在孩子们身上，他们看不到以往公益行中接触的困境儿童身上体现的忧郁，反而被孩子们展现的自信与快乐所感染。

长江商学院 EMBA 28 期校友、中国国际金融股份有限公司天津大区总经理王晓凝萌生一种迫切想为孩子们做点什么的冲动，她当即成为小海豚合唱团的志愿者。

“孩子们带着人工耳蜗，他们一点都不自卑，而是笑着说自己是‘天线宝宝'。他们看起来非常积极向上，我想这与合唱团潜移默化的影响分不开，他们在这里重拾自信，将来更容易在社会上找到自己的立足点。”杨波说。

小海豚合唱团被引入长江商学院天津校友会，成为校友会长期资助的公益项目。巧合的是，杨波的夫人在朋友圈看到曾经的钢琴老师转发小海豚合唱团的照片，竟在其中看到丈夫的影子。“原来她以前的钢琴老师也是小海豚合唱团的志愿者。”杨波说。多了这层私人关系，杨波感觉与小海豚合唱团之间更多了一些连接感，而他的夫人也深受感染，加入其中，成为小海豚合唱团的一名志愿者。

在杨波看来，这不是一个短期的资助，而是一个长期的陪伴式项目。他看到了小海豚合唱团与众不同的价值。对合唱团的孩子而言，小海豚合唱团不仅教他们合唱，更重要的是为他们创造机会去接触更广阔的世界，遇见更优秀的人。

“孩子们可以接触到社会上各种优秀群体，接受正面的影响，从而也被激发出向上向好的潜力，并为之付出努力。”杨波说。

· 小海豚合成团团员正在表演

参与小海豚合唱团的公益六七年来，杨波眼看着孩子们长大，“看到原来那么小的幼童，现在都长成大孩子了，每个人都正能量满满，令人欣慰”。他非常期待若干年后可以见证孩子们的更大变化，他预想，长大后有所成的孩子们会永远将小海豚合唱团视为自己的家、心灵的港湾，也会反哺之，帮助更多处境艰难的孩子们，从此将这个滋养心灵的公益项目延续下去。

王晓凝也见证了孩子们的变化。每次在表演现场，但凡她出现在观众席，孩子们表演后总会朝她挥手打招呼。这些孩子们听到的最大分贝便是飞机起飞的声音，但他们不再拉着妈妈的衣角怕见生人，而是大胆自信，充满感恩之心。

“孩子们日复一日在苦中作乐，笑中带泪一路坚持下来了。他们完全践行了小海豚合唱团‘科学康复改变性格扭转命运’的宗旨，每次看到他们，我都深受感动和鼓舞。”王晓凝说。

为传递小海豚合唱团的精神，王晓凝在公司为高净值家庭举办的

· 小海豚合唱团及老师们

“财富与美”活动上引入合唱团表演。她希望小海豚合唱团的精神可以影响更多人，特别是青少年，“无论是我们的员工，还是客户及客户的孩子，大家可以将财富和美、公益结合起来，大家共享一个和谐的更有格局的社会价值观”。王晓凝说。

不忘初心

长江商学院天津校友会对小海豚的资助是多维度的。他们不仅捐赠资金资助小海豚合唱团的日常运营及外出演出，还充分调动自身资源扶助小海豚合唱团的多元需求。譬如，从事计算机行业的校友帮助小海豚合唱团解决技术相关问题；从事 IP 打造的校友，帮助小海豚运作 IP；从事美工宣传行业的校友，支持小海豚合唱团的设计与传播工作。作为长江商学院校友，青岛盛世飞洋海上旅游有限公司董事长陈成楠，更是邀请小海豚合唱团赴青岛举办专场音乐会，让孩子们乘船出海，感受大海的辽阔；王晓凝将小海豚引入公司内部公益活动，向更多人推介小海豚，为合唱团吸纳更广泛的资源。

2018 年 1 月 28 日，“小海豚”们亮相长江商学院天津校友会新春年会，表演了多个节目。长江商学院天津校友会向小海豚合唱团送上“新春大红包”，同时成立了“小海豚听障儿童合唱团驻长江商学院天津校友会爱心基地”。

2018 年 4 月，天津校友会捐赠 6 万元，带领小海豚前往深圳参加第四届长江公益奖颁奖盛典并进行现场演出。小海豚的表演感动全场，并获得长江商学院年度公益奖。

· 小海豚合唱团登上央视舞台

在长江商学院天津校友会之外，长江商学院多位明星校友，譬如吴京、陈坤等人也为小海豚录制了视频。在长江商学院校友的共同推动下，“小海豚”们登上了“中国梦想秀”，并以节目宣传片的方式亮相美

· 小海豚合唱团参加演出活动后合影留念

国纳斯达克大屏。小海豚的故事被广泛传播，这也为合唱团吸引来更多社会的关注与资源。

2017 年 11 月，在小海豚合唱团成立三周年之际，天津市妇女联合会在“天津市妇女儿童发展基金会”为合唱团创建专项基金；而天津河西区文化馆也主动为小海豚提供免费排练场地；2018 年 7 月，在香港举行的“2018 一带一路世界合唱节”上，小海豚合唱团夺得两个金奖；伴随而来的是更多志愿者加入合唱团，截至 2019 年 3 月，小海豚合唱团共有 31 位成员和 42 位志愿者老师。

2022 年 6 月 1 日，王晓凝所在的中国国际金融股份有限公司天津总部为小海豚合唱团举办公益音乐会。

谈及小海豚合唱团的未来发展，杨波想到小海豚合唱团可以尝试从非正式组织转为正式登记在册的社会组织，譬如一个民办非企业，或是一个基金会，如此便可以从志愿者兼职运营转为专职人员专业运营。然而，杨波也深知这一转型难以落地。

“首先，我们这些校友是秉持尊重合唱团本身意愿为第一原则。其次，社会组织的注册审批是非常严格的，一个正式组织的运作涉及人员、资金等复杂问题。”小海豚合唱团的转型短时间内很难落实，杨波非常尊重合唱团团长的意愿，“团长觉得可以探索新的模式，但前提是无论如何探索，都不能失去做事情的初衷，不能走了板，变了味儿”。

小海豚合唱团事实上是一个长周期、重投入、高成本的项目，这也决定了合唱团的模式很难复制推广。在杨波看来，小海豚合唱团更适合做“小而美”的公益。

“对孩子们而言，他们在小海豚合唱团收获陪伴和成长。对我们而言，我们在参与公益的过程中收获感动和心灵的净化。虽然很难规模化发展，但做小范围、纵深的公益，这对人的影响也非常深刻和久远。”杨波说。

王晓凝也看到了小海豚合唱团模式的局限性。在她看来，假如小海豚合唱团的模式可以复制推广，更多听障儿童将从中受益。“新冠肺炎疫情后，长江商学院各地校友会可以走动起来，将小海豚合唱团推介出去，各地长江校友可以帮助小海豚合唱团在全国多个地方探索如何落地。”王晓凝还设想，假如将小海豚合唱团的教学内容开发成一个在线智能学习系统，通过科技可以将这套系统应用于全国各地的听障儿童。

“将小海豚合唱团插上科技的翅膀，用科技赋能公益，一起探索公益的更多可能性。”王晓凝说。

虽然当前规模化小海豚项目模式并不可行，但IP化是小海豚合唱团可以尝试的方向。按照杨晓峰的设想，在社会各界的关注下，小海豚合唱团不仅成为一个文化名片，更是一个公益IP，“可以继续运营，这也是对公益精神的宣讲”。杨晓峰公司一部分内容与IP运营关系密切，他有着敏锐的商业嗅觉，然而在小海豚合唱团运营上，他提醒要始终保持公益的本心。

杨波也认为小海豚合唱团保持单纯做公益的方式也未尝不可，“小海豚合唱团从未被商业化地应用，公益没有沾染任何功利色彩，还是非常纯正的。未来 IP 化也要平衡好运营与公益的关系，不能变了味儿，纯粹地做公益也很好”。

· 舞台上的小海豚合唱团

企业家投身社会公益

受新冠肺炎疫情影响，小海豚合唱团排练多集中在线上进行，合唱团的老师们、志愿者们全天候在线陪伴孩子们。有的小海豚合唱团团员的妈妈也成为志愿者，共同将爱的接力棒传递下去。这些微小但恒远流动的善意，打动着杨波。他承诺从过去到现在，一直到将来都会持续资助小海豚合唱团。

对王晓凝而言，公益不是打发时间，更不是作秀，而是每个人的荣耀与福分。“公益体现了我们中华民族倡导的和谐与仁爱，作为个体，未必有能力去做多么伟大的慈善举措，但公益人人可参与，我们参与其中，通过自己的改变从而微小地改变着这个世界。”

企业家做公益，在杨波看来，是“取之社会，用之社会”的应有之义，更是一个“照镜子”的过程，并于其间不断寻求人生的意义感和价值感。同时，企业家做公益也有利于塑造有温度的企业文化。

“我们在做公益中找到心灵的净土，同时带动员工们一起参与，这也有助于在员工间构建有温度的、纯真的、充满善的氛围。”杨波说。

长江商学院是杨波就读的第一家商学院，谈及商学院的理念，他脱口而出“无公益，不长江”。长江商学院不仅帮助他从本行里跳脱出来，接触更广阔的世界和精英，更重要的是给他做了一场深刻久远的公益启蒙。王晓凝也认同长江商学院的公益理念，“商学院既有术，更有道，学院的教授们为公益和社会创新行动打下了丰厚的思想基础”。

在杨波看来，长江商学院将一群优秀的人凝聚起来，从“道”的层面培养有抱负、情怀和理想的企业家。“我们在各自精进的同时，如果只关注蝇头小利，那就不称之为‘企业家’，只是生意人，‘企业家’意味着承担社会责任，意味着投身于更大的社会公益中。”

· 舞台上的小海豚合唱团

对话长江商学院 EMBA 28 期三班校友、中国国际金融股份有限公司天津大区总经理王晓凝 / 宝岛车业集团总裁 杨波

问：小海豚合唱团最大的社会创新和社会价值点是什么？

王晓凝：作为一名母亲，我对这个项目感受深切。小海豚合唱团项目对参与其中的青少年来说，是具有促进他们人格发展和德育功能的。同时，这个项目体现了中华民族的和谐与仁爱精神，也是增加个人生命厚度的源泉。这样的公益项目可以协调社会关系，化解社会矛盾，也能培养社会成员的公益意识，对构建和谐社会具有重要的现实意义。

杨波：对参与合唱团的孩子们而言，项目不仅是在教音乐，而是潜移默化地培养了孩子们的自信心，帮助孩子们在社会上能更好地立足。这些孩子将合唱团当作心灵的港湾，将来也会有意识地反哺，参与到对其他弱势群体的帮扶中。小海豚合唱团项目不仅是一个音乐项目，本质上更像是一个心灵项目。

问：就您观察，小海豚合唱团有什么可以迭代和进化的吗？

王晓凝：小海豚合唱团现在有一个16字的发展纲领：科学康复、改变性格、扭转命运。这几年来，志愿者老师和孩子们都深深践行着这16个字，发展得十分稳定。如果说有什么可以迭代进化的，可能是他们如何覆盖更多的听障儿童，惠及更多孩子。从运营角度来讲，目前小海豚合唱团有成熟的组织框架和运营模式，分为教学部、演出部、外联宣传部等。不同部门都由专业人士负责，业务实力过硬，而且有一定的管理经验。我们也很认可小海豚合唱团的远期发展目标，但合唱团的发展模式应该是很难复制的。

因此，目前小海豚合唱团同期在团的孩子不超过30个，如何用一个先进的康复体系来覆盖更多孩子，这是我们正在研究思考的。未来我们可以发动更多国内商学院的校友，将合唱团推介给更多企业家校友，大家一起贡献力量，帮助合唱团发展壮大起来。

杨波：现在合唱团还不是一个有固定专职人员的登记在册的公益组织。我们也在考虑登记注册的问题，但具体还是要尊重对方的意愿。未来合唱团是否可以覆盖更多听障孩子，这也是需要我们研究拓展的。

问：以行动者的身份参与公益，整体是一种什么样的体验？

王晓凝：公益不是用来打发时间，更不是用来作秀的，也不是一项娱乐活动，而是需要我们用真诚的心来对待的事业。参与其中的人都有相通的公益理念，公益是每个人的权利。你我未必有能力去做多么大的慈善，但公益是我们每个人可以随时参与的，其间并没有高下之分，而是同等可贵，而你也能在行动的快乐中改变别人和这个世界。

杨波：每次做公益，不仅是在帮助孩子们，更是对自己心灵的净化。参与其中的每个人都被深深打动了。这是一个不断传播正能量的过程。

问：长江商学院的公益及社会创新教育是如何影响您对公益的认知与行动的？

王晓凝：长江商学院在社会创新教育方面很有价值。商学院的教授们带领我们探讨社会问题的根源，研究社会治理背后的逻辑，培养大家公益的理念和习惯，等等。我们在商学院的体验是非常珍贵的，使我们重新认识了个人与社会的关系，从新的视角和方式参与社会问题的解决。长江商学院为我们打下了坚实的思想基础。

杨波：长江商学院聚集了不同地区、不同行业的优秀人才。商学院教会了大家何为“取之社会，用之社会”，启蒙企业家承担社会责任，只有承担更多的社会责任，企业家才称得上是“家”而不是生意人或商人。商学院通过公益从底层逻辑上培养企业家，助力他们真正成为有抱负、有情怀、有理想的社会创新家。

撰文　浮琪琪

案例点评

社会发展中的难点、痛点，党和政府尽了极大的努力，情况在不断改善，但是要从根本上解决问题也非常需要社会力量的广泛参与，公益就是一个最重要的渠道。可能有的人把做公益看得很简单。我理解，在当今时代，真正意义上的公益，对操作者的要求其实很高。它既需要对当前社会各阶层有深入的了解以及对弱势群体的同情和关怀，又需要有宏观的视野和广泛的资源整合能力，也需要一个正直的、值得信赖的公众形象。更重要的是，还需要有耐得住寂寞、一步一个脚印的实干精神。

听障儿童的公益慈善，可以有哪些方向？身体的医治与康复是重要的方向。国内外的许多基金会都会聚焦于此，毕竟身体的健康是第一位的。除此之外呢？作为听障儿童，他们几乎都缺失了音乐艺术的欣赏体验，特别是专业参与！

天津小海豚听障儿童合唱团就是这么一个极具创新的公益项目。它让大家看到了听障儿童的潜力和可能，打破了传统认知。这也就是公益创新的力量和价值。长江商学院的校友深度支持参与该项目，让该项目获得更多的资源、舞台、知名度、参与度……当然还有可能在更多的城市进行复制。

每个人在社会中所处的阶层不一样，而公益是既科学又和谐的，是将高势能的能量传到低势能的有效手段。如果大家心里有远方，我们能够在时代发展里感恩自己的所有，无论是财富的所有还是知识的所有，我们愿意为这个社会伸出援助之手，就是一个有信仰的人。

愿大家头顶有星空，脚下有泥土，心中有弱者，胸怀苍生。让我们一起为更美好的社会而行动。“无穷的远方，无数的人们，都和我有关，都和我们有关。”

陈行甲（深圳市恒晖儿童公益基金会理事长）